Wassilis Dornakis – Ursula Spindler-Niros

Der griechische Stuhl

Kleine Kulturgeschichte des Sitzens
Szenen einer Partnerschaft

Verlag der Griechenland Zeitung

Wassilis Dornakis – Ursula Spindler-Niros

Der griechische Stuhl

Kleine Kulturgeschichte des Sitzens
Szenen einer Partnerschaft

Verlag der Griechenland Zeitung

1. Auflage 2010 (August)

HellasProducts EPE, Athen,
www.griechenland.net

Umschlaggestaltung: Wassilis Dornakis
Illustrationen: Wassilis Dornakis
Texte: Ursula Spindler-Niros
Layout: Harry Glitsis

ISBN 978-3-99021-000-0

ISBN 978-3-9902100-0-0

9 783990 210000

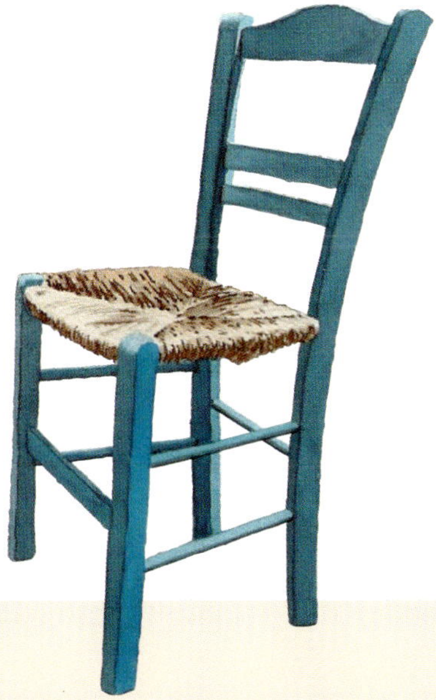

Stuhl (α) *es/"e* ἡ καρέκλα, τὸ κάθισμα. ὁ θρόνος. τὸ στασίδι. ἡ ἕδρα. τὸ δικαστήριον. ὁ ὑφαντικὸς ἱστὸς *(Webstuhl)*. βλ. *~gang*, *einem den ~ vor die Tür setzen* διώχνω κάποιον, διακόπτω τὶς σχέσεις μαζί του, τοῦ δίνω τὰ παπούτσια στὸ χέρι. *keinen ~ haben* δὲν ἔχω κενώσεις. **~befördernd** τὸ καθαρτικόν. **~bein** (ο) τὸ καρεκλοπόδαρο. **~drang** (α) ἡ ἀνάγκη δι' ἀφόδευσιν. **~gang** (α) ἡ ἀφόδευσις, ἡ κένωσις. *~gang haben* ἀποπατῶ. **~gericht** (ο) τὸ ἀπόκρυφον δικαστήριον. **~lehne** (θ) τὸ ἐρεισίνωτον. **~macher** (α) ὁ καρεκλοποιός, ὁ καρεκλάς. **~trägheit** (θ), **~verhaltung** (θ) ἡ δυσκοιλιότης. **~wagen** (α) τὸ καρροτσάκι ἀναπήρου. **~zwang** (α) ὁ τανυσμός.

καρέκλα (θ) Stuhl (α), Sessel (α). *ψάθινη ~* Korbsessel (α). **καρεκλᾶς** (α) βλ. *καρεκλοποιός*. **καρεκλοπόδαρο** (ο) Stuhlbein (ο). **καρεκλοποιὸς** (α) Stuhlmacher (α).

Deutsch-griechisches Lexikon „Ekdosseis Kakoulidi", 1961

Ein Bilder-Lesebuch über Griechenland

Mit dem vorliegenden Buch ist ein Bilder-Lesebuch über Griechenland entstanden. Es thematisiert den „Griechischen Stuhl", wie er in keiner ordentlichen Taverne, in keinem gestandenen Kafenion, in keinem zünftigen Haushalt fehlen darf: Das klassische Gebilde aus Holz und geflochtenen Binsen. Eigentlich benötigt der „typische Grieche" ja mindestens drei oder sogar vier oder vielleicht gar fünf solcher Stühle, um sich wirklich wohlzufühlen: Auf einem sitzt man, auf einem anderen legt man den Mantel oder die Jacke ab, auf die Querstrebe eines dritten stellt man den einen Fuß, auf die Querstrebe eines vierten den anderen und auf der Lehne eines fünften Stuhles stützt man die Arme ab …

Obwohl diese Holzstühle mit ihren vielen Querstreben sehr robust sind, können sie im Bedarfsfall auch schnell wieder repariert werden. Das gilt nicht nur für die Holzteile, die oft extra noch durch eine Verspannung aus dickem Draht verzurrt werden, sondern auch für die Sitzfläche aus Binsengeflecht. Ein Beruf, der langsam aber sicher vom Aussterben bedroht ist, ist der „Kareklas", der Stuhlmacher, der alles wieder richten kann und der früher unermüdlich durch die Straßen zog und lauthals seine Dienste anbot: „O Kareklas! O Kareklas!" – ein Wanderarbeiter.

Der griechische Stuhl hat auch soziale Funktionen, die man ihm oft gar nicht ansieht: Mit ihm wird z. B. ein Terrain oder Territorium abgesteckt. Wenn ein oder mehrere Stühle am Straßenrand stehen, dann ist damit heute meist ein Parkplatz markiert; dieses ungeschriebene Gesetz sollte man lieber nicht brechen, sonst könnte es Ärger mit dem Besitzer geben.

Von derartigen Geschichten erzählt dieses Buch noch viele mehr. Der Künstler Willy Dorn, der die Aquarelle malte und der sich in Griechenland Wassilis Dornakis nennt, hat nicht zuletzt aus Liebe zu Land und Leuten Kreta zu seiner zweiten Heimat erkoren. Ursula Spindler-Niros, die die Texte schrieb, lebt seit über 30 Jahren in Griechenland und hat dieses Land intensiv kennen und lieben gelernt.

Aus der Symbiose aus Bild und Text ist „Der griechische Stuhl" geworden – ein Buch, das zum Blättern einlädt, zum Schauen, zum Reflektieren. Wer diese Seiten betrachtet und liest, wird schnell bemerken, dass man sich über die Bilder in die Texte vertieft und umgekehrt. Dabei ist einiges über Griechenland und über die Eigenheiten dieses Landes zu erfahren: Geschichten dieses landestypischen Postkarten-Mobiliars, das weit mehr ist als nur ein „Sitz der Götter".

Verlag der Griechenland Zeitung

Der griechische Stuhl

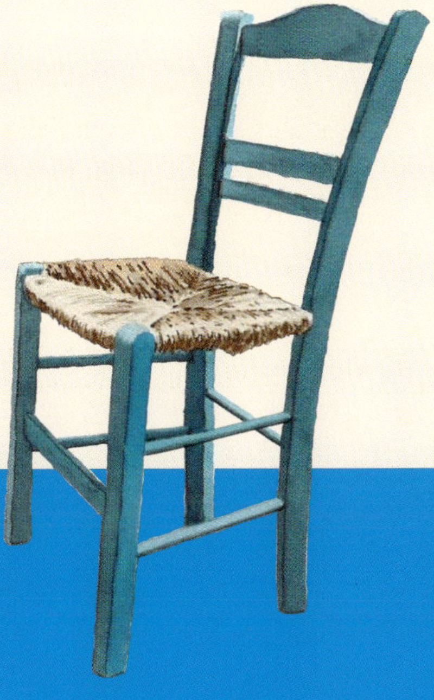

Erster Teil

Kleine Kulturgeschichte des Sitzens

„Kleine Kulturgeschichte des Sitzens" – eine Einleitung

Tönerne Idolbilder aus dem 6. Jahrtausend v. Chr. stellen hockende orientalische Muttergottheiten dar, deren (Gebär-) Haltung sich dem Sitzen annähert. Sie gelten als Urbilder für Thronende bzw. Throne, insbesondere da, wo diese Gottheiten, um ihre Macht zu betonen, sich auf Löwen stützen, deren Köpfe als „Arm-" und Schweife als „Rücklehnen" dienen. Durch das Sitzen auf geschmückten Thronsesseln – seien sie aus Marmor, Stein oder bemaltem bzw. vergoldetem Holz –, wie man sie aus Bildwerken von allen alten Hochkulturen, von Mesopotamien über Ägypten und Phönizien, den Palästen der Minoer auf Kreta bis zu denen der Mykener auf dem griechischen Festland her kennt, wurden die Machthaber über die übrigen Bewohner, die ursprünglich auf dem allenfalls mit Decken oder Teppichen belegten Erdboden saßen, „erhöht". Der herrschaftliche Platz war meist verbunden mit einer Feuerstelle, im Alten Griechenland „Estia" genannt, und von einem Baldachin aus einer Vier-Säulen-Stellung gekrönt. Wer derart „ausgezeichnet" auf dem Thron saß, konnte natürlich auch „vom Thron gestürzt" werden, so dass von vorn herein der Erhabenheit der durch ein besonderes Sitzmöbel gehuldigten Persönlichkeit ambivalent auch ihr möglicher Abstieg zugeordnet war. Die Auszeichnung durch besondere Sitzmöbel – Throne für die Höchsten, Sessel für die Gehobenen – blieb durch die gesamte Antike und weit über sie hinaus (letzten Endes bis heute) gesellschaftlicher Brauch. Ein anschauliches Beispiel dafür mögen die antiken Theater sein, wo – so im Dionysostheater von Athen – die erste Reihe der Cavea (des Zuschauerrunds) marmorne, von Löwenfüßen getragene Ehrensessel für die Honoratioren, etwa Priester und Staatsbeamte sowie bevorzugte Gäste, aufwies, während die übrigen Sitzreihen aus einfachen Bänken bestanden. Aus Thronen und Ehrensesseln entwickelten sich die Stühle, die in größerer Zahl bald zum Mobiliar vornehmer Häuser gehörten. Ein Magazinverzeichnis auf „Linear-B"-Täfelchen, die im mykenischen Palast von Pylos (nach dem von Homer genannten Fürsten als „Nestor-Palast" bezeichnet) gefunden wurden, führt einen ganzen Archivposten von vergoldeten Stühlen, Schemeln und Tischen auf… Wie uns Abbildungen auf Gefäßen demonstrieren, speisten in klassischer griechischer Zeit und im Alten Rom die Männer auf „Klinen", auf Liegen also, in halbsitzender Haltung, während die Hausfrauen gehobener Häuser auf Stühlen saßen. Wie anmutig die Sitzmöbel in der Antike gedrechselt und wie schön verziert sie waren, zeigen uns unzählige Vasenbilder und Reliefplatten. Ein herausragendes Beispiel ist die Ostseite des Parthenon-Frieses in Athen, wo die Figuren der olympischen Götter, auf feinen Stühlen sitzend, der – realen – Prozession der Gläubigen zuschauen, die sich dem Höhepunkt der religiösen Zeremonie am Tempel nähert. Diese von frühesten Zeiten überlieferte Bedeutung des Stuhls nicht nur als Sitzmöbel, sondern vor allem auch als Statussymbol, hat sich bis heute in der deutschen Sprache erhalten in Ausdrücken, die einer amtlichen Position, einem Amts„sitz", so viel Autorität und Größe zusprechen, dass die Person, die das Amt ausfüllt, die auf dem „Katheder" sitzt, hinter diesem zurücktritt, „austauschbar" ist und in erster Linie als Repräsentant wahrgenommen wird, die den uralten Erhabenheitsgedanken von Machtbefugnissen noch deutlich in sich tragen. Diese „Stühle" nimmt man ein, man be-„sitzt" sie nur auf Zeit, sie sind kein Eigentum, sondern sie halten den Inhaber der Machtposition gleichzeitig in einer nicht unbeträchtlichen Abhängigkeit, die vom jeweiligen Amt dirigiert wird (Lehrstuhl, Richterstuhl). Als ein Platz, auf dem man sich im praktischen Sinne „nieder"lässt, konnte der Stuhl auch zum Ausdruck der anderen Seite eines Machtverhältnisses werden – dem Ausgeliefertsein. In diesem Fall hat der Machthabende oder Amtsinhaber eine stehende Position inne, überragt den Sitzenden und beugt sich zu ihm hinab oder über ihn. So hat der Stuhl Eingang in die Begrifflichkeit gewisser Berufe gefunden, die sich im weitesten Sinn als „Behandlungen" durch Spezialisten beschreiben lassen, vom „Friseurstuhl" über den „Zahnarztstuhl", dem „Gynäkologischen Stuhl" ... ja letztendlich dem furchtbaren Instrument des „Elektrischen Stuhls", Sinnbild des Ausgeliefertseins bis zur Vernichtung.

Bildgeschichten, die als Hauptdarsteller den aussagekräftigen, „sprechenden" griechischen Tavernenstuhl haben, dienen Wassilis Dornakis dazu, diese (Amts-) Sitz-Verhältnisse in ihrer Gesamtbreite und Ambivalenz zu hinterfragen. Indem das schlichte volkstümliche Sitzmöbel mit Gegenständen in Verbindung gebracht wird, die in völlig andere Zusammenhänge gehören, es also verfremden, gelingt es dem Künstler, manch hehre Bedeutung von „Stuhl-Instanzen" zu parodieren und auf ihre Wahrhaftigkeit hin zu prüfen. Das Einfache und Wörtliche der Darstellung stellt die Diskrepanz zwischen dem Gewicht der Begriffe und der oft nicht mit diesem Anspruch auf Größe identischen Wirklichkeit schlaglichtartig dar. Die Ergebnisse reichen vom einfachen „Bilderrätsel" bis zur geistvollen Persiflage und rücken manche Stuhlszene in die Nähe der politischen Karikatur.

Ursula Spindler-Niros

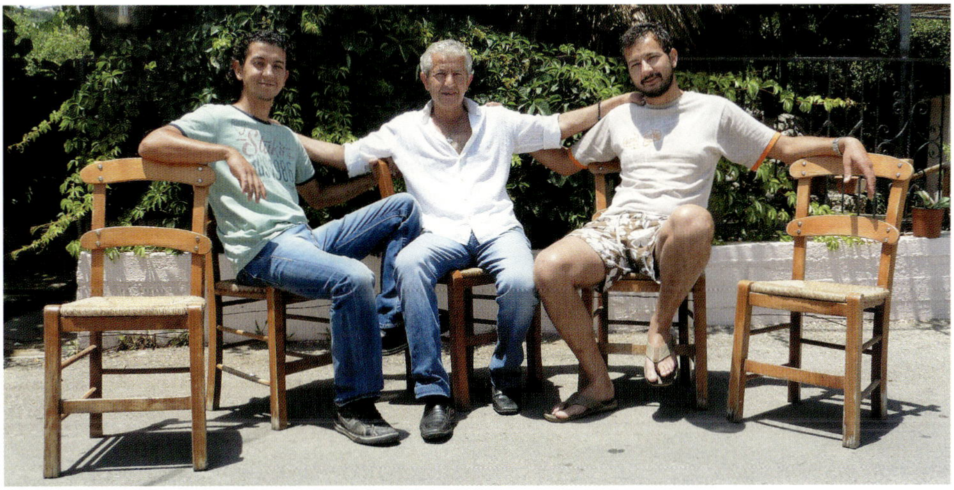

Jorgos Katzoulakis (Mitte) mit seinen beiden Söhnen Jannis (links) und Petros (rechts).

Der griechische Stuhl und sein soziologischer Aspekt

In vielen Reiseführern, Zeitungen und Zeitschriften wird der griechische Stuhl als zu unbequem und als Sitzgelegenheit für ungeeignet beschrieben. Dabei ist das richtige Sitzen auf einem griechischen Stuhl eine kleine Wissenschaft für sich. Der Sitzende benötigt für eine komfortable Sitzhaltung drei Stühle. Der eigentliche Sitzstuhl wird diagonal genutzt, so vergrößert man die Sitzfläche von nur 38 Zentimetern (mittleres Auflagen-Maß) um ganze zehn Zentimeter auf 48 Zentimeter und hat zudem einen der lästigen, sich in den Oberschenkel drückenden, vorderen Holmköpfe zwischen die Beine nach vorne freigestellt. Übrigens werden auch TV-Geräte in ihrer diagonalen Bildschirmgröße gemessen und erscheinen somit wesentlich fulminanter als sie eigentlich wirklich sind. Aber zurück zu unserem griechischen Stuhl-Ensemble: Alsdann legt man die Ellenbogen oder Unterarme auf die nächst stehenden beiden anderen Stühle. Um auch die Füße ganz entspannt „einparken" zu können, wurden eigens für diese Gelegenheit entsprechende Quersprossen (nie weniger als vier) zwischen die vertikalen vier Grundpfeiler eingearbeitet. Spötter behaupten, diese Quersprossen dienten einzig dazu, dem wackeligen Sitzmöbel wenigsten halbwegs etwas Stabilität zu verleihen. Hat also der Sitzwillige auf diese Weise den Stuhl oder die Stühle in idealer Form besetzt, kann er darauf viele Stunden aussitzen. Zudem muss dem griechischen Stuhl auch eine ganz wichtige soziologische Funktion zugeschrieben werden: Bildet sich, aus welchem Anlass auch immer, eine feierlustige Gesellschaft, werden die unmittelbar benachbarten Stühle ebenfalls besetzt, dann ist der Einzelne mit den anderen Teilnehmern der Gesellschaft ständig im Körperkontakt und in Tuchfühlung. Die Gespräche werden vertrauter und die Wege für das Zuprosten kürzer. Zudem drängt sich das Bild eines kretischen Reigentanzes auf, zu dem man einzig vielleicht seinen Stuhl verlässt, um der noch lange nicht beendeten Schlemmerei neue Perspektiven zu ermöglichen ...

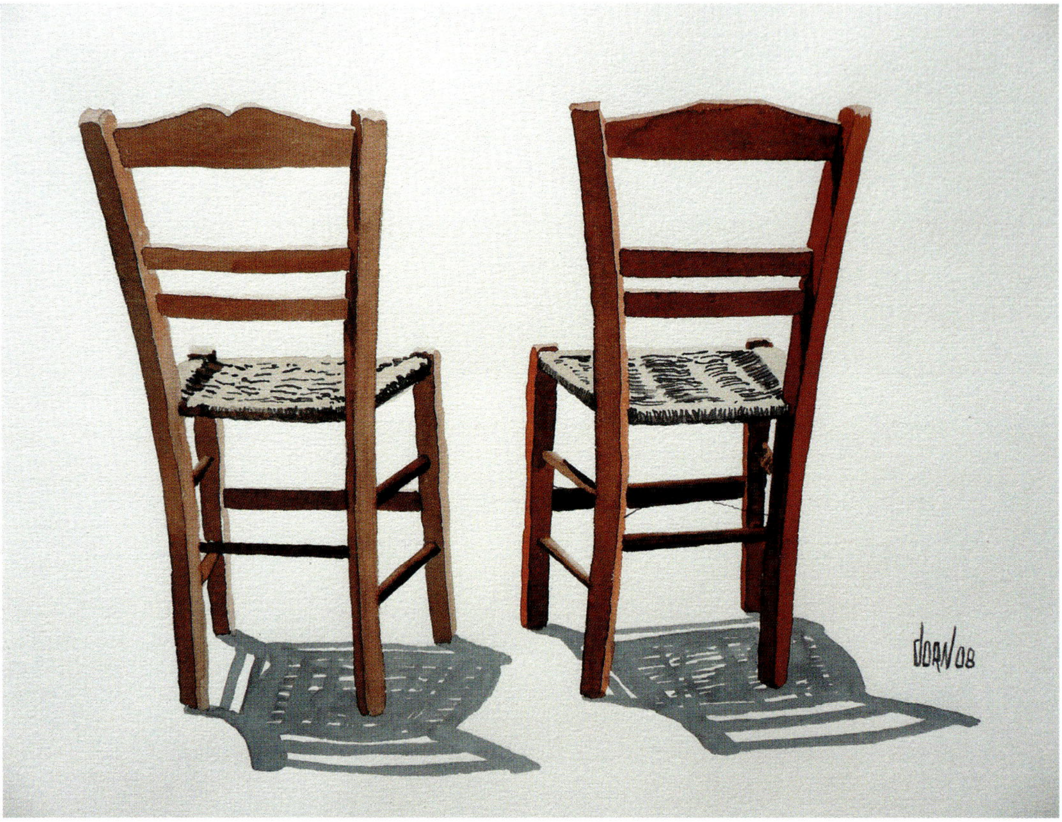

Aussichten

Zwei typisch griechische Tavernenstühle. Holzfarben, mit geflochtener Sitzfläche stehen sie nebeneinander, die Rückenlehnen zum Betrachter hin aufgerichtet, die von den kürzeren vorderen Stuhlbeinen getragenen Sitzflächen ganz leicht im Winkel einander zugeneigt … Die beiden, die auf den Stühlen Platz nehmen wollen – woher weiß ich, dass es zwei Alte sind? –, schauen gemeinsam, parallel zu einander. In die gleiche Richtung. Zwei gleich Gesinnte, schauen sie einfach nur. Schauen im selben Raum vor ihnen dasselbe, heute wie gestern, aber gemeinsam und wissen es, ohne Worte zu wechseln.

Einsichten

Sie sitzen nebeneinander und zugleich einander zugewandt, „bei einander“, kontaktfähig, gelassen und offenherzig. Eine(r) hört dem/der anderen zu und gewinnt Einblick in dessen/deren Denken und Fühlen.
Bereit, sich einander zu öffnen, verstehen sie sich. Es ist, als schauten sie gemeinsam nach „innen“.

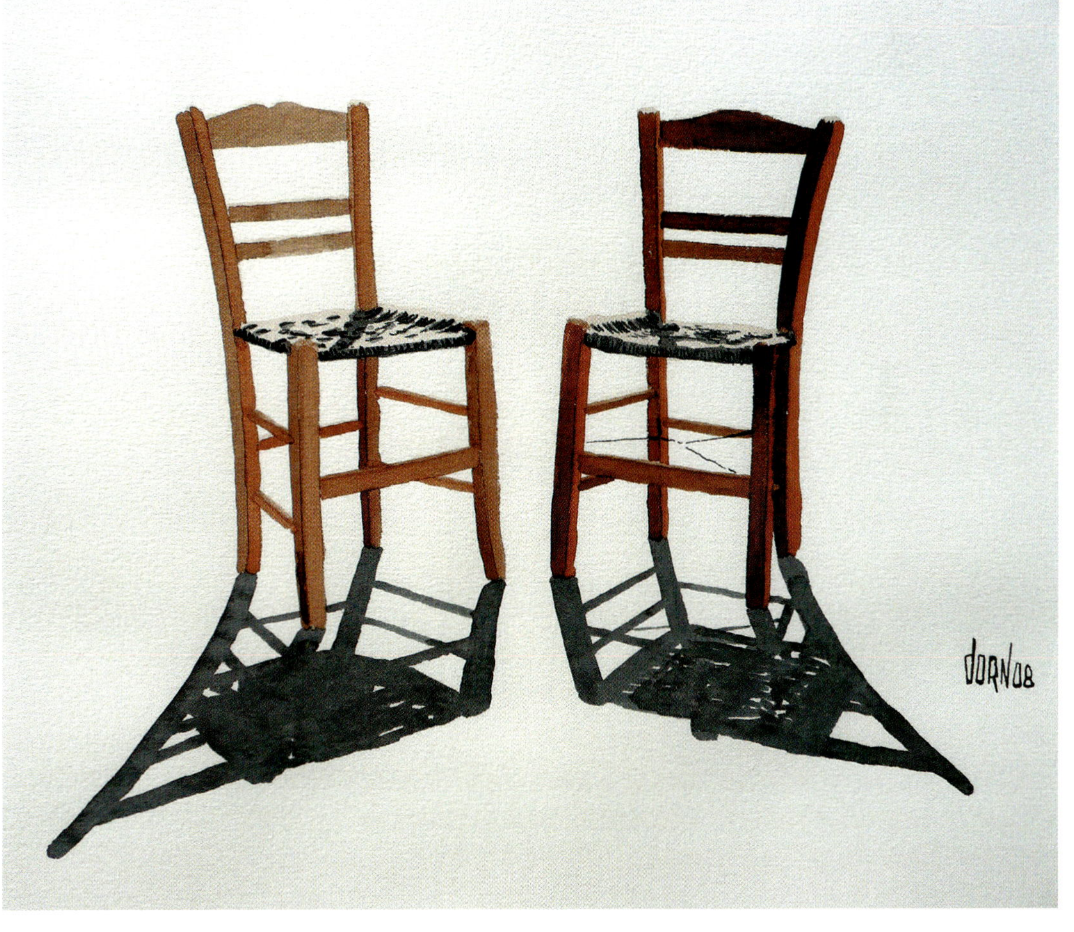

Geschäftsreise

Geschäftsreise – wirklich? Aber sie ist wohl gerade beendet, oder eine Pause ist eingelegt … Der griechische Strohstuhl signalisiert Ausruhen, die dekorativ hin geworfene Krawatte das Ende des offiziellen Teils. Und der etwas altmodische Koffer mit den Riemen und Schnallen, der mit dem Stuhl – ein Verwandter im Geiste – ein Zwiegespräch zu führen scheint, signalisiert Originalität und Geschmack seines Besitzers – ist er vielleicht ein Künstler auf dem Weg zu einer auswärtigen Vernissage?
Ein Stillleben, bei dem sich jeder Betrachter seine eigene Geschichte ausdenken darf …

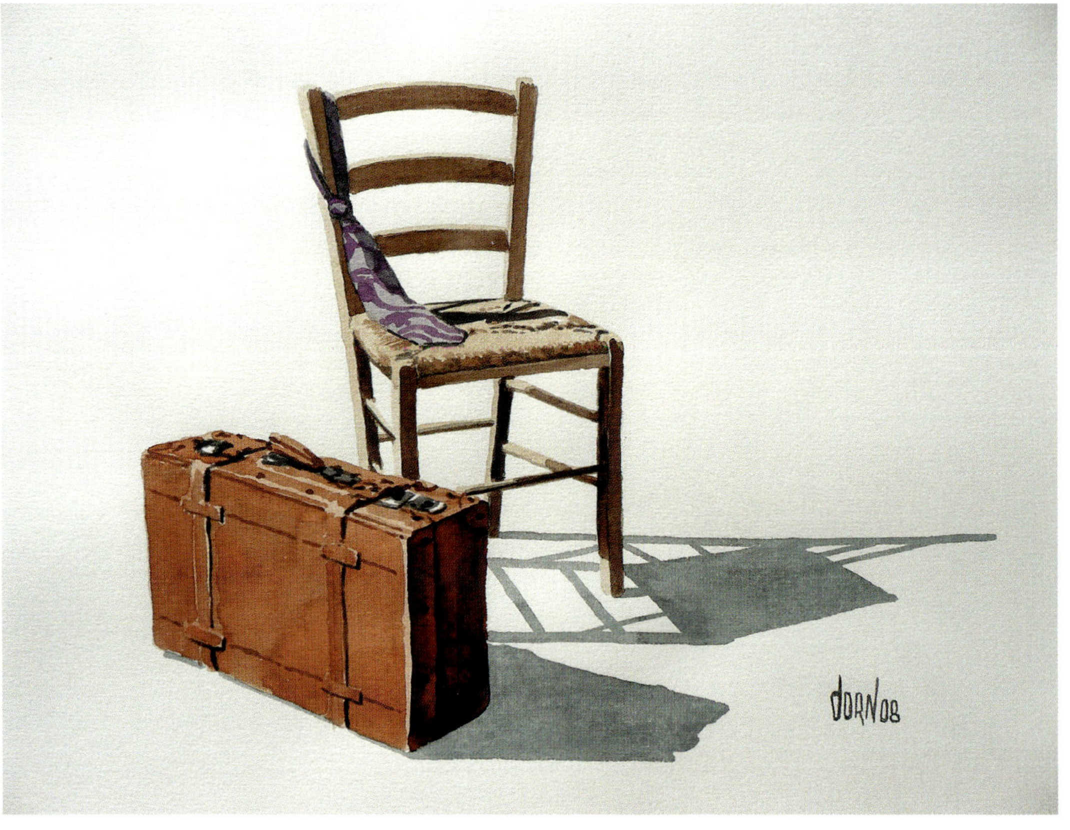

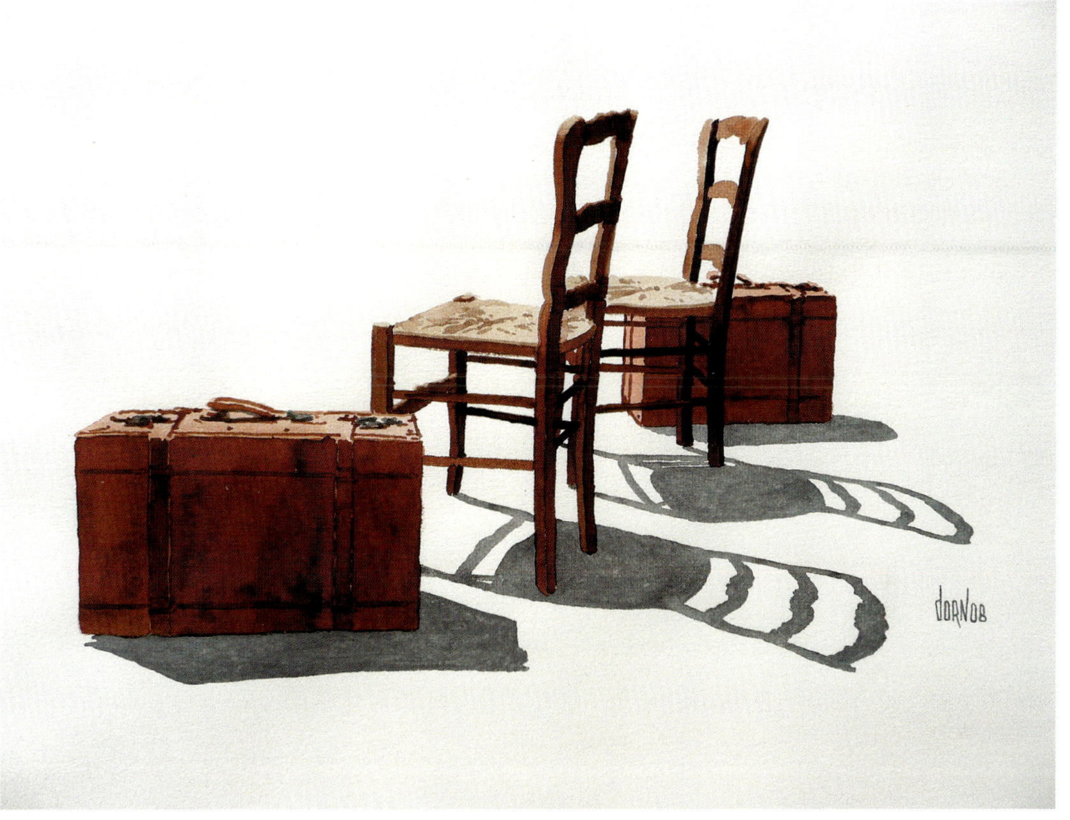

On Tour

Aufbruch oder ein Zwischenstopp unterwegs: Entweder sind dieses Mal zwei auf „Geschäftsreise", aber es fehlen die Krawatten, oder es reisen zwei Gleichgesinnte miteinander. Sie haben denselben Geschmack, denselben Stil, was ihre Koffer betrifft, und finden zwei gleich geartete Stühle, die so bei einander stehen, dass sie den Blick in die Ferne führen, ins weiße Unbekannte … Wohin auch immer die Reise geht, sie sind noch nicht angekommen, und ihre Zwischenstation ist nicht unbedingt in Griechenland. Das Holz der Stühle ist mahagonifarben veredelt und poliert, und das Polster besteht aus edlem verwobenem Bast. In jedem Fall ist es eine Szene, die Fernweh weckt …

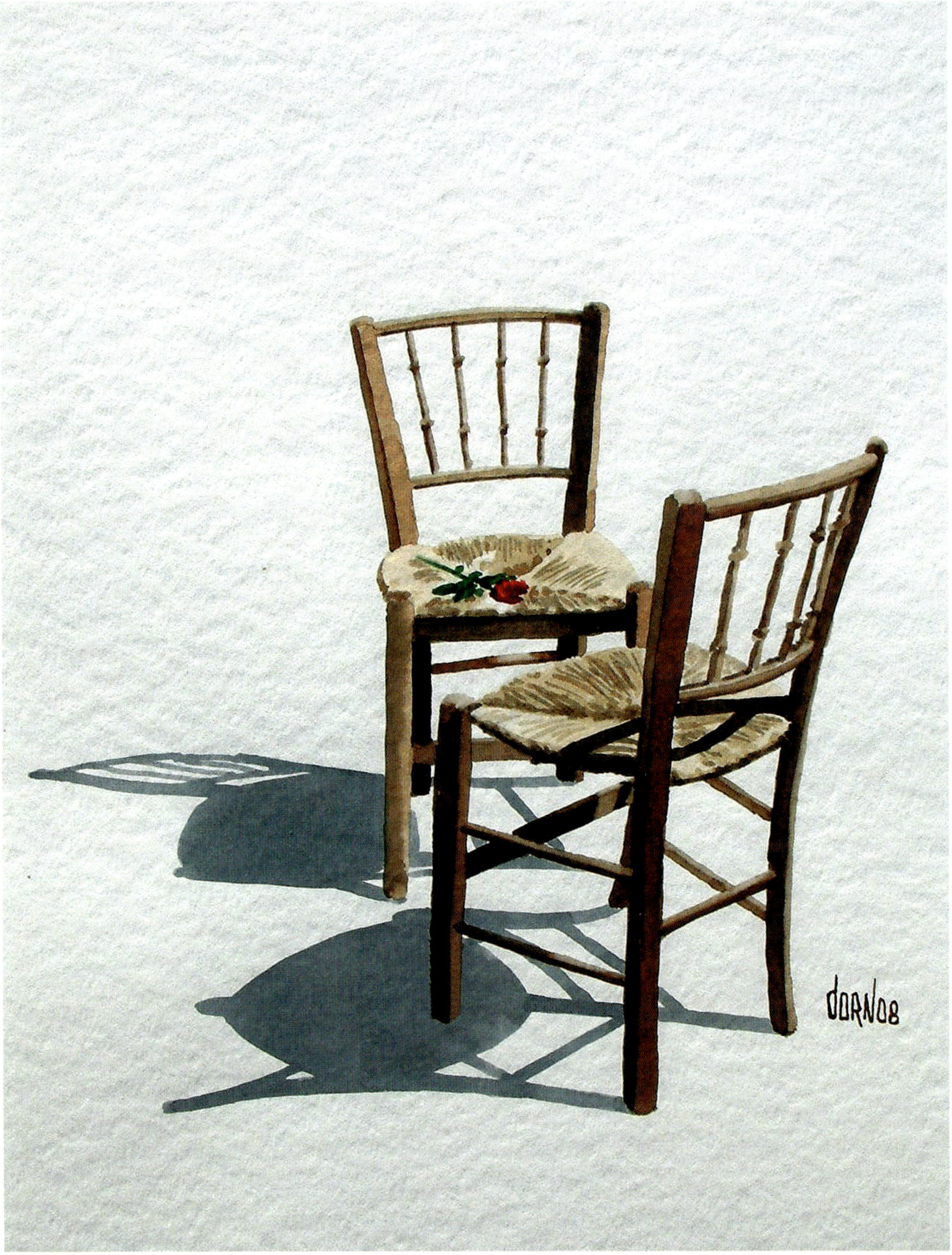
DORN08

Old Couple

Die Stühle, die zu älteren Menschen gehören, sind nicht im kecken Griechisch-Blau gestrichen, sondern im gediegenen Holzton eines „ernsthaften“ Möbels gehalten. Sie identifizieren sich mit ihrem Besitzer, sind nicht „austauschbar“ wie die Tavernen- und Kaffeehausstühle. So die beiden feinen, hohen Stühle mit den kunstvoll gedrechselten Kügelchen auf den Lehnen, die hier ein altes Paar symbolisieren, das sich entweder trotz der vielen Jahre, die es zusammen ist, noch in herzlicher Liebe zugetan ist oder die sich beide, ungeachtet ihres fortgeschrittenen Alters, gerade kennen und lieben gelernt haben. Das eine ist so schön und so romantisch wie das andere. Er ist dicht an sie herangerückt, sein Knie berührt das ihre, und er hat ihr eine rote Rose überreicht – altmodisch und süß.

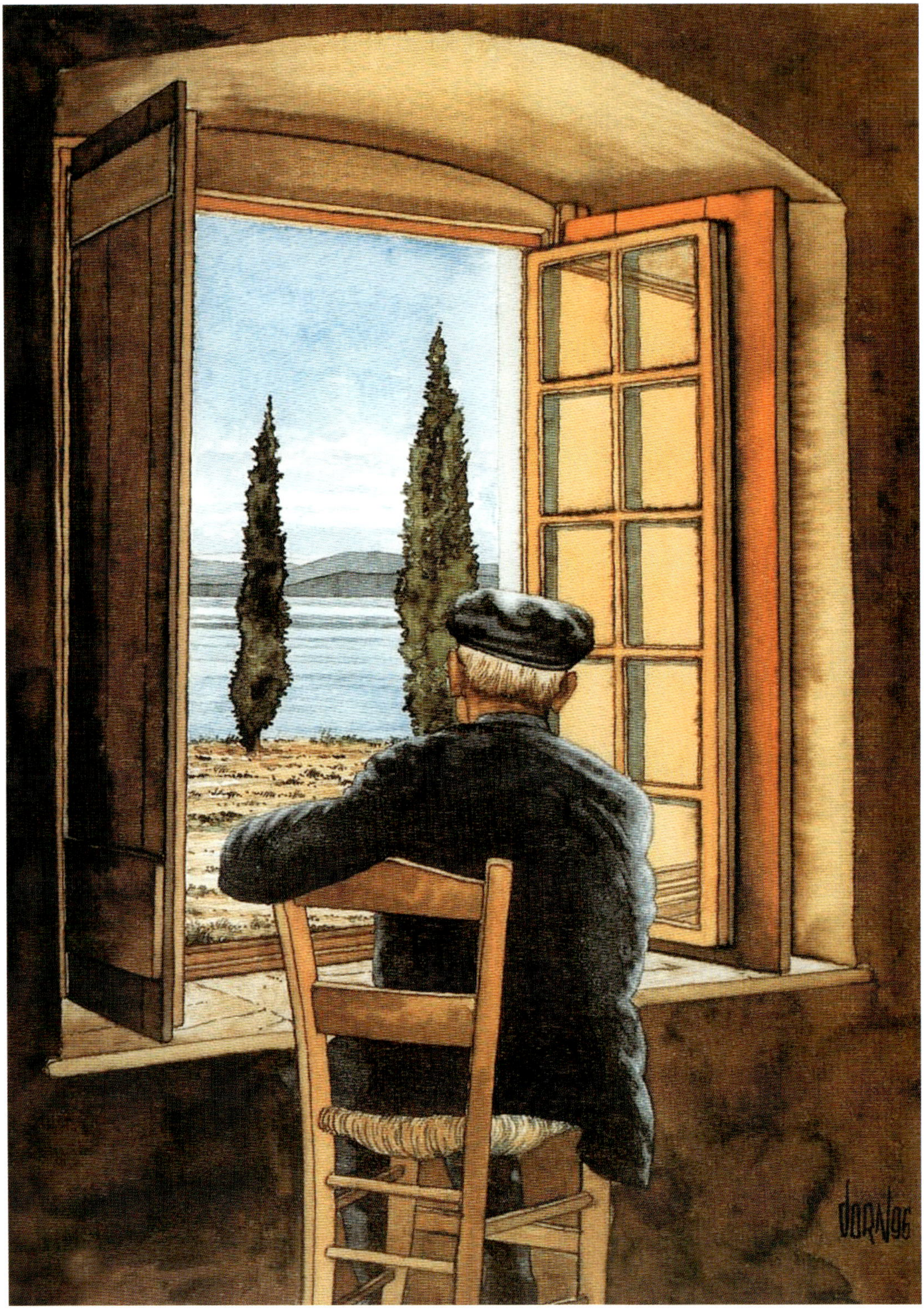
dorn 96

Sinnieren

Ich kenne ein altes Kloster über dem See von Feneos (Peloponnes). Da gibt es gerade so ein Sprossenfenster mit einer breiten Fensterbank, und auch die Aussicht ähnelt dieser hier, nur die Berge sind wohl höher. Hätte ich dort einen Stuhl gehabt, ich hätte mich gern darauf gesetzt und sinniert … Um in Muße sitzend – für solches Zeithaben und diese Ruhe „steht" der Stuhl – hinaus zu blicken in Natur und Landschaft, dem betriebsamen Umfeld den Rücken zu kehren und aus ihm ein Fenster zu öffnen, damit wenigstens die Gedanken eine Weile anderswo sind, man Träumen und Erinnerungen Raum geben kann, dafür braucht es wohl solche besonderen Orte, an denen alles stimmt. So wie hier auf dem Bild die Farben: Das warme schützende Holzbraun aller Gegenstände im Vordergrund und Rahmen und in blauer Weite der Landschaftsraum. Der alte Mann gehört beidem an. Gewiss ist der Raum, in den er sich denkt, auch sein Leben oder seine Hoffnung …

Gartenstuhl

Neulich habe ich zwei genau solche ramponierten Strohstühle im Bereich des Athener Omonia-Platzes gesehen, angekettet an einen Pfeiler. So ein alter Stuhl hat keineswegs ausgedient, den wirft man nicht einfach weg. Teilt er doch seine Geschichte mit seinem Be-Sitzer, ist er doch, wie unser Gartenstuhl hier, ganz mit seiner Umgebung „verwachsen“. Zudem hat er Persönlichkeit – ein eigenes „Gesicht“ mit seinen individuell geschwungenen Beinen und den kurvig geschnittenen Querstreben an der Lehne. Er „lebt“ geradeso wie die Blattranken, die ihn umgarnen. Und ist Bild gewordenes Beispiel für die typisch griechische Romantik des „Hässlichen“ und der „Unordnung“ sowie der „Anti-Wegwerf-Philosophie“, die alles bewahrt oder verwandelt, was noch von Nutzen sein kann. Man denke etwa an die vielen Blumen, die in Blechdosen blühen, wo einst Olivenöl oder Fetakäse enthalten waren.

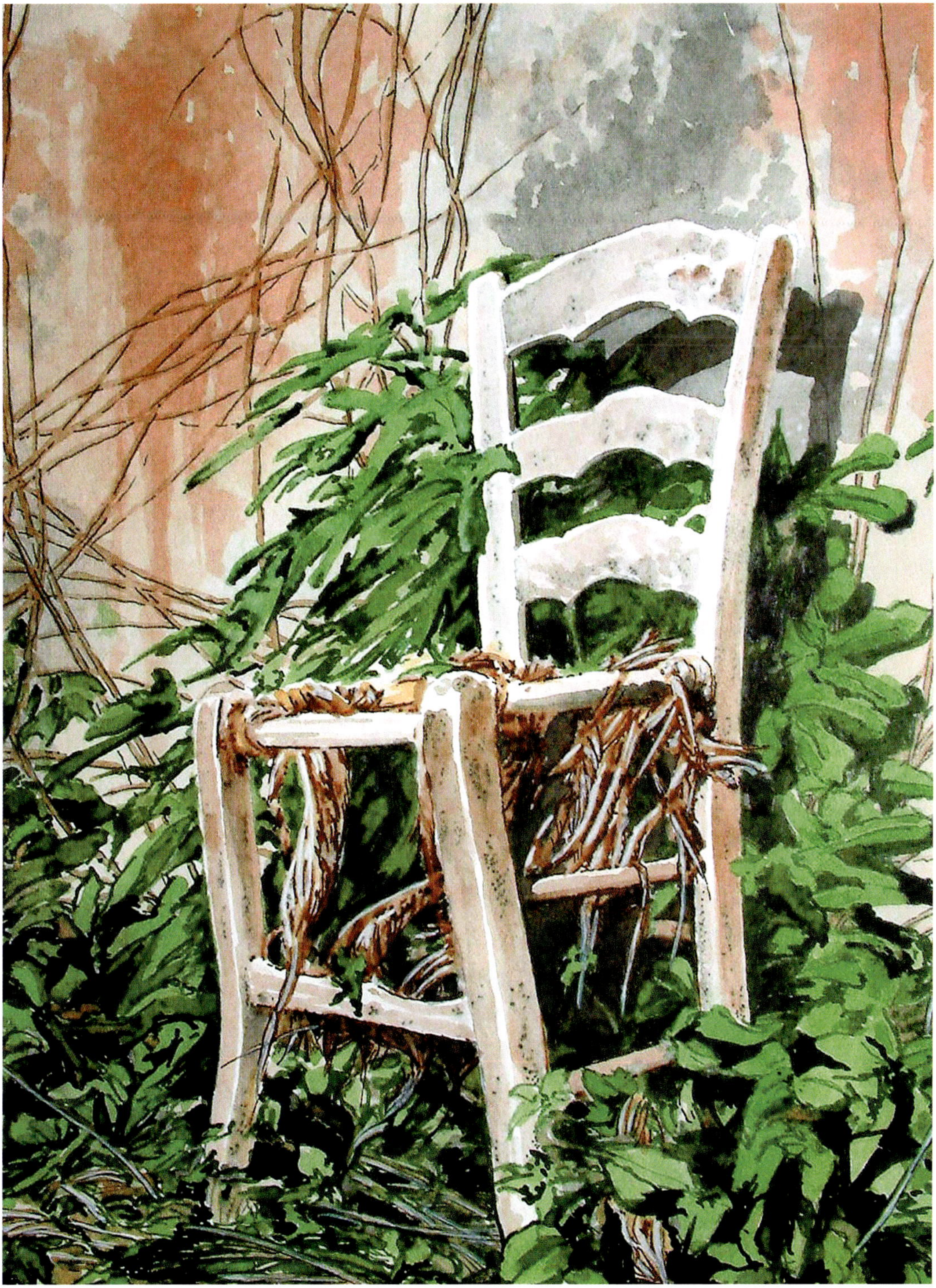

In die Jahre gekommen ...

Zurück zum „Gartenstuhl“, wo wir feststellen konnten, dass Stühle in Griechenland Persönlichkeiten sind, die man nicht einfach wegwirft … Solchen morschen Stuhl kann man hierzulande überall und immer wieder finden.
Da haben wir vor uns einmal einen alten „Mann“ und zum Zweiten ein betagtes „Paar“. Der Greis geht mühsam am Stock. Bei jedem Schritt hinkt er und knickt mit der Hüfte ein, doch er läuft und bewegt sich noch, und wir sehen sein freundliches, vielleicht zahnloses Lächeln …

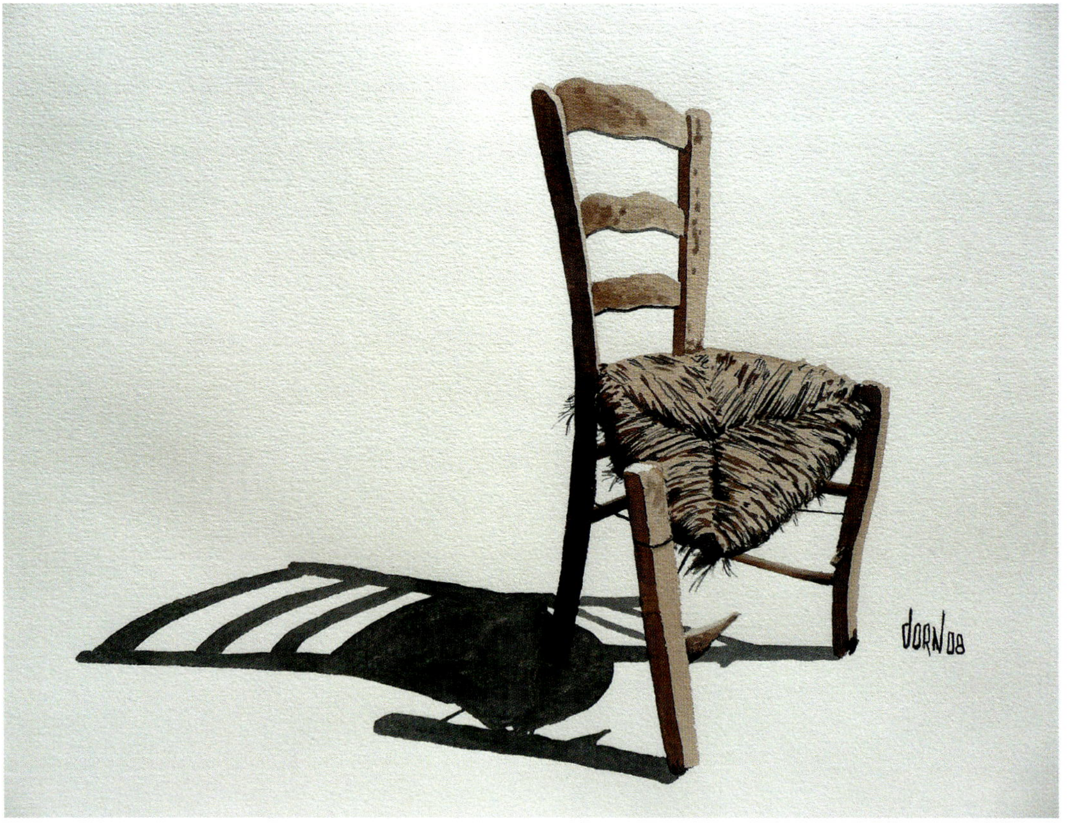

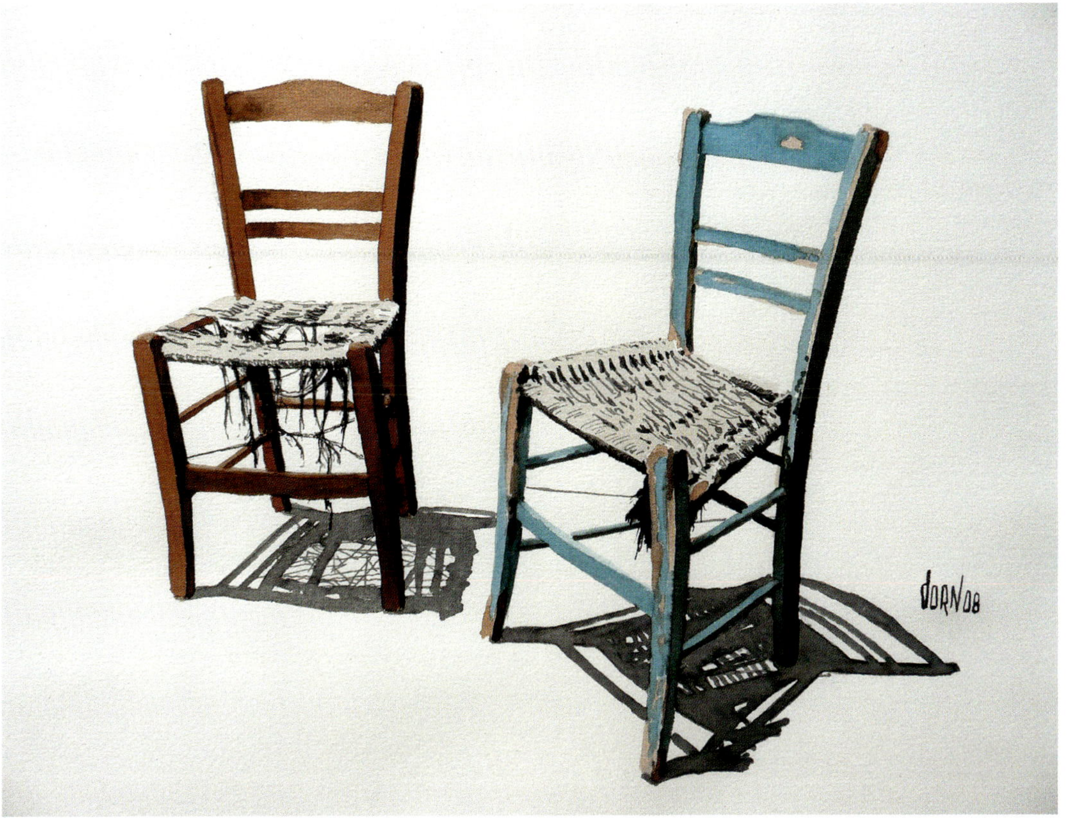

In seiner Nachbarschaft gibt es ein ebenso betagtes Paar, von dem jeder seine eigene körperliche Mühsal mit sich trägt: Der/die eine hat's im Kreuz, der/die andere in den Gelenken. Doch sie sind noch recht gut beieinander. Was beide Stuhlbilder ausstrahlen ist, was die Griechen als „sevasmos" bezeichnen: Achtung, Respekt, ja Verehrung des Alters. Diese drei ramponierten Stühle strahlen eine Würde aus, die sie zu Symbolen macht: für gelebtes Leben, eine eigene wechselvolle Geschichte, für Schmerzen, die ertragen wurden und dafür, trotzdem den Kopf hoch zu halten sowie abgeklärt und zuversichtlich weiter zu machen – bis zuletzt.

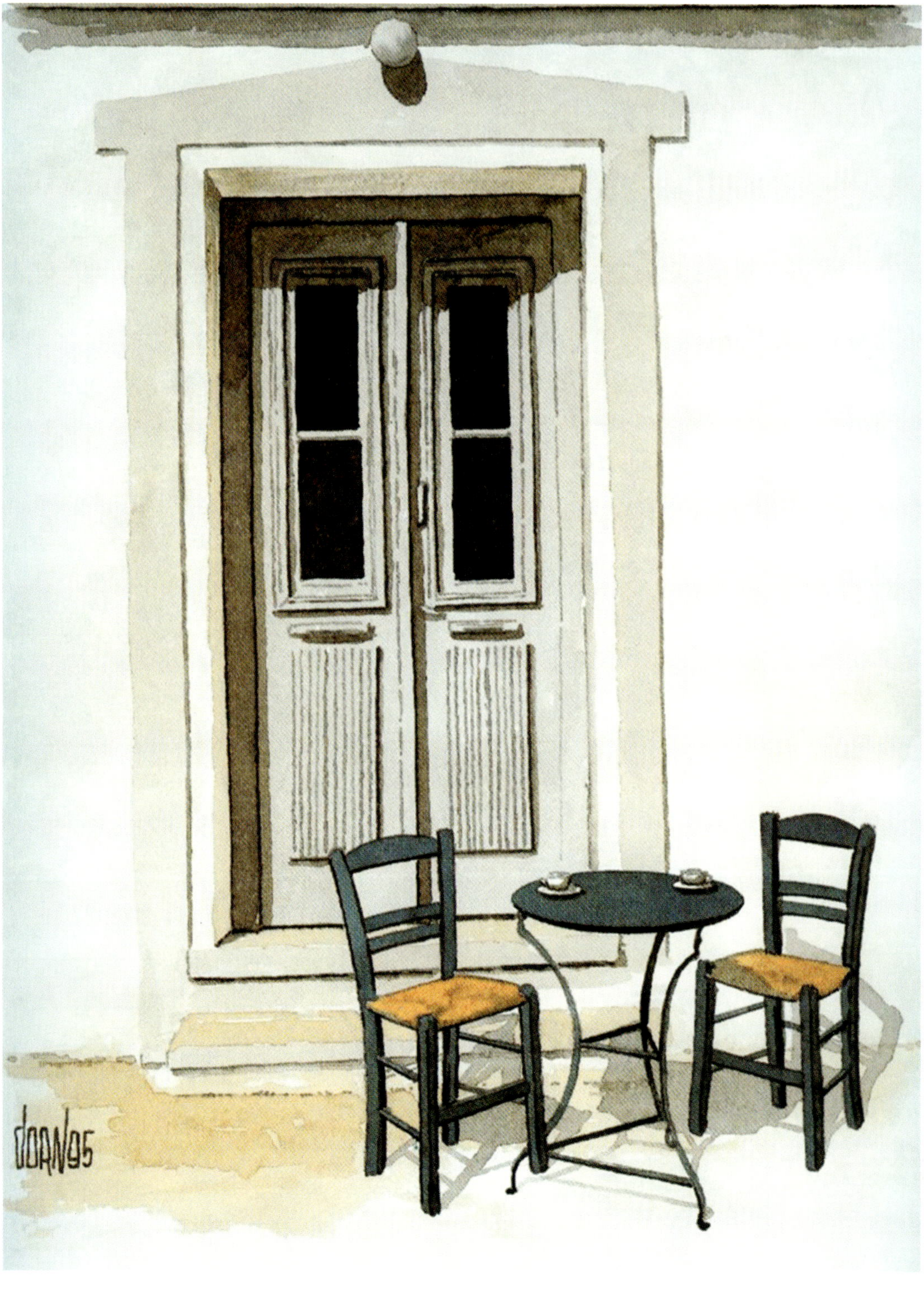
dorn95

Kaffee in Delianá

Ein Bild der Harmonie. Das uns vertraute Stühlepaar um das blaue Blechtischchen ist um zwei weiße Kaffeetässchen und ein hübsches, stilvolles Portal bereichert. So sind sie Einladung und Versprechen für eine Zeit entspannter Zweisamkeit und der Hingebung an einen leichten, belebenden Genuss. Die geschlossene Tür hält die Welt vorläufig draußen, doch sie kann sich auch öffnen und verschließt nicht die Erwartung auf weitere Freunde und Freuden.

Sitz der Götter

Odysseas Elytis wies in einer Elogie auf den Maler Jannis Tsarouchis einmal darauf hin, dass die moderne griechische Kunst in dem Augenblick „ihren eigentlichen Platz innerhalb der Interessen der Bildenden Kunst unserer Zeit“ einnehmen konnte, als „Hermes nicht auf dem Olymp, sondern im Café zum Olymp“ gesucht wurde, denn da „verließ der Mythos die Bücher und wurde lebendig“ …
Genau das geschieht hier in dieser humorvollen und feinsinnigen Verbindung. Wassilis Dornakis stellt eine Verbindung zwischen der wunderschönen Szene von der Ostseite des Parthenonfrieses – auch wenn diese nur in Fragmenten erhalten ist – zu einem kleinen, aber „sprechenden“ Detail aus dem heutigen griechischen Alltag her. Ein alter Mythos – die so menschliche Götterwelt des Olymps – wird nicht nur lebendig, sondern verbindet sich mit einem „neuen“ Mythos: mit den typischen Insignien des griechischen Kaffeehauses. Es handelt sich um ein Gleichnis für Lebensart und Lebensfreude, durch die sich das Volk der Hellenen offensichtlich schon immer auszeichnete …
Für die Ostwand der Parthenoncella, wo einst die Priesterschaft der Göttin Athena am Fest der Panathenäen aus dem Säulenschatten heraustrat, um die kunstreiche Prozession zu erwarten und den von Athener Mädchen gewebten neuen „Peplos“ für die Göttin in Empfang zu nehmen, schufen der Bildhauer Phidias und seine Mitarbeiter hoch über dem realen Szenarium ein ideelles und reihten die zwölf olympischen Götter unter die ganz normalen „Zuschauer“ des Spektakels ein: Auf Schemeln und Stühlen sitzend, sich gruppenweise einander zuwendend und miteinander plaudernd, wohnen sie dem ihnen zu Ehren bereiteten Ereignis bei, in einer Mischung aus Würde und Leichtigkeit. Vor zwei der wichtigsten Szenengruppen – Poseidon und Apollon im Gespräch, Artemis und Aphrodite Arm in Arm und der Erosknabe, vielleicht ein wenig gelangweilt, an Aphrodites Knie gelehnt – hat sich nun unser blaues rundes Kaffeehaustischchen mit seinem Partner, dem blauen Strohstuhl, einen bevorzugten Platz erobert. Die schlichten „Straßenmöbel“ sind damit zur Ebene von „Göttersitzen“ aufgestiegen, und die „Unsterblichen“ des griechisch-antiken Himmels, die ja bekanntlich ihre letztlich doch nicht unendliche Zeit mit allerlei Freuden zubrachten, sind zum Wandschmuck eines Cafés hinabgestiegen. Sie „thronen“ nicht (was sie auch bei Phidias ja schon nicht mehr tun), sondern sitzen gemütlich im Kreis ihrer „Parea“ zusammen, zu der wir auch gehören, wenn wir nur wollen und uns und unsere hektische Zeit göttlicher Muße anvertrauen …

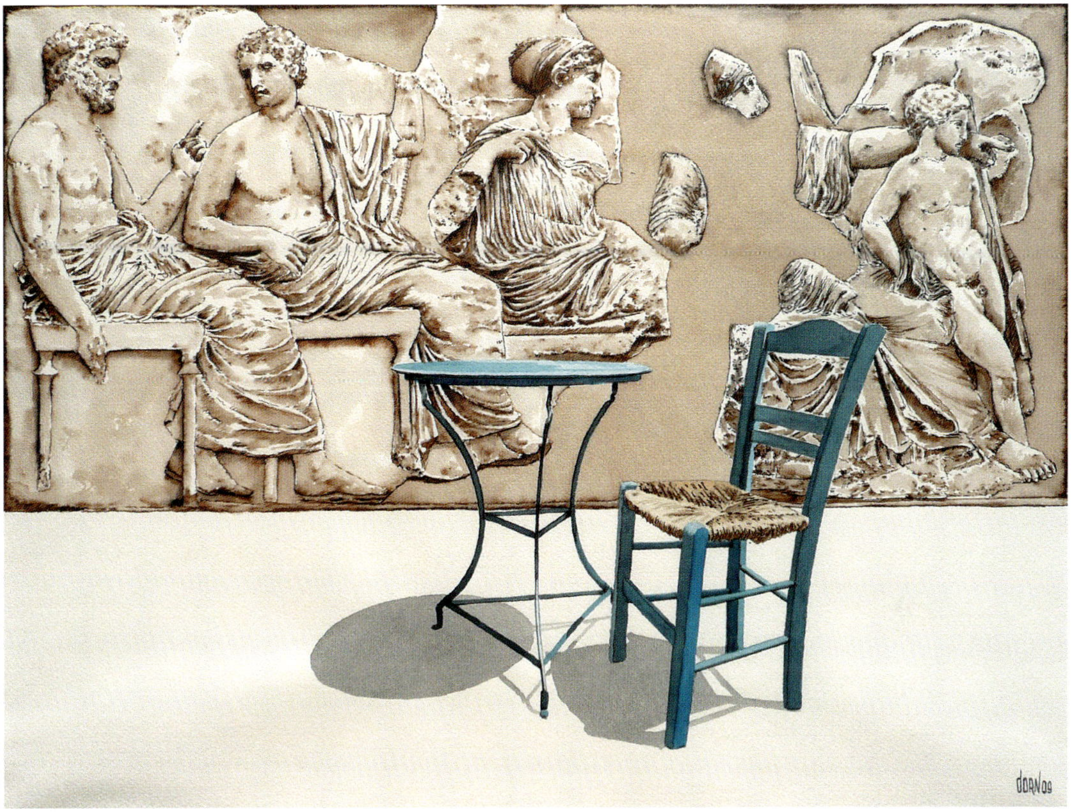
dorn09

Katzenstuhl

Katzen gibt es in Griechenland mindestens so viele wie Strohstühle! Oft geht es ihnen nicht gut, besonders in den Städten des Festlandes, wo sie auf der Straße leben müssen, während sie auf den Inseln meist geliebt werden und ein „Haus“ haben. So wie hier. Das bunt getigerte Kätzchen ist noch klein, konnte aber schon auf den großen Stuhl springen, obwohl es das eine Beinchen und das Schwänzchen scheinbar nicht ganz geschafft haben. Der Stuhl hat sich eigens für das Kätzchen breit in die Sonne gesetzt und lächelt von oben auf das kleine Tier herab. Eigens für das Kätzchen hat er sich ein Kissen aufgelegt, denn er weiß, dass die Katzen es gern weich und warm mögen. Oder fürchtet er, dass die in den Samtpfötchen versteckten Krallen sein Strohpolster beschädigen könnten?

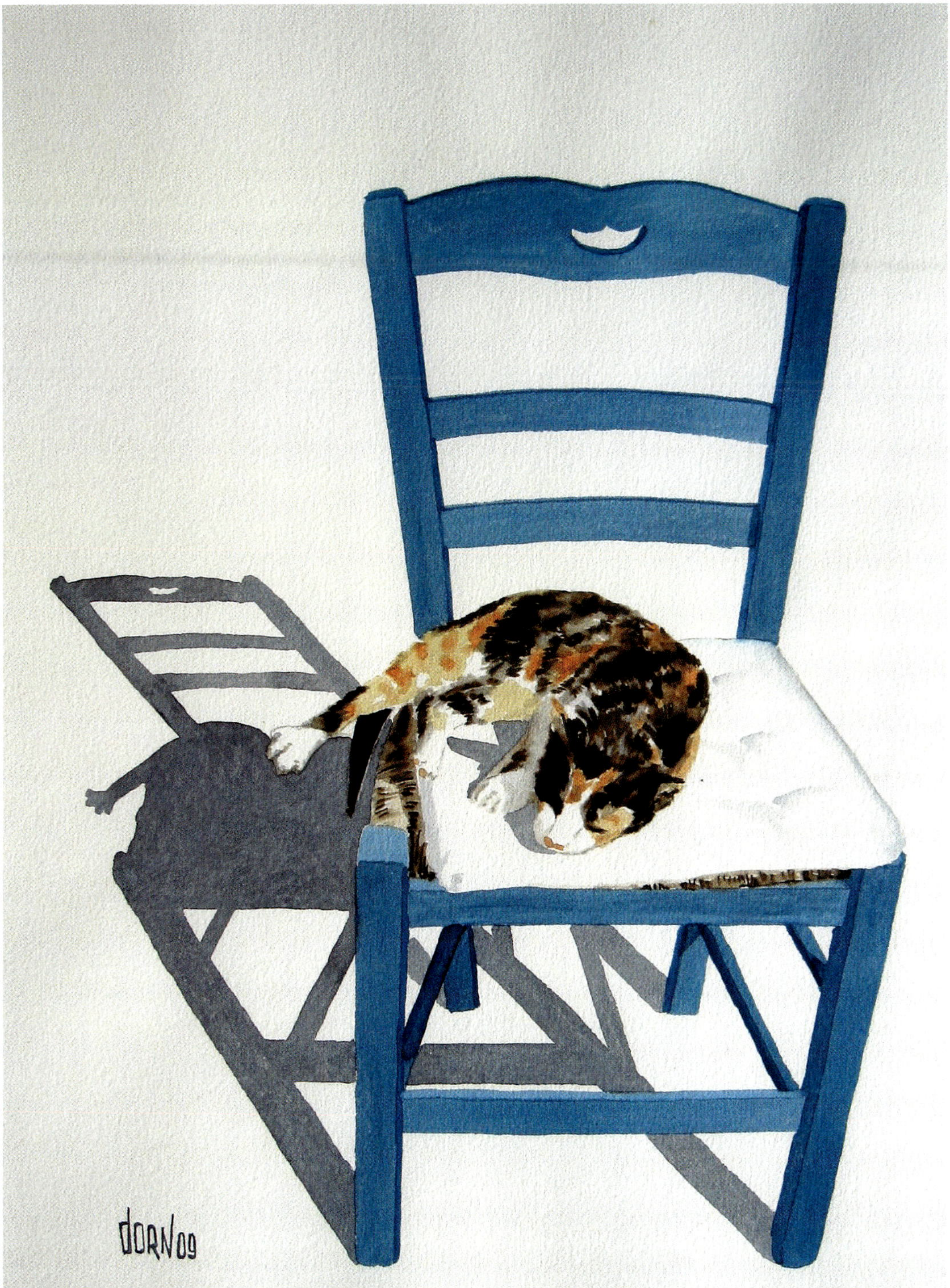
DORN 09

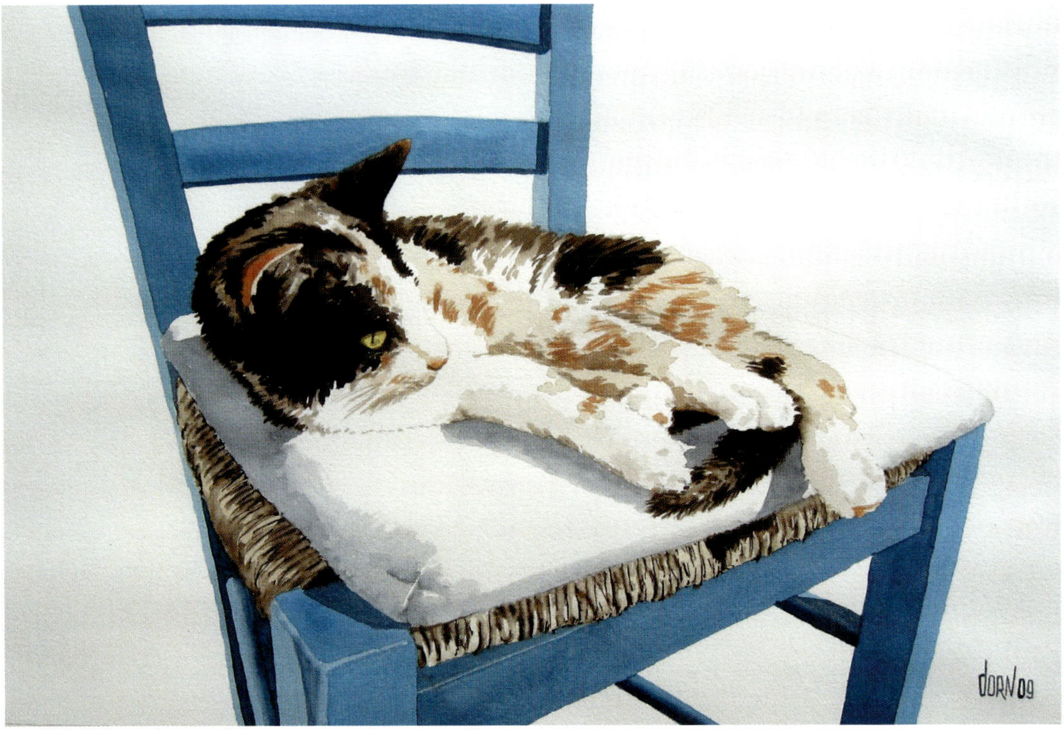

Stuhlkatze „Artemis“

Mit einem Satz hat sie den Stuhl erobert – inzwischen ist das Kätzchen ein wenig gewachsen und der Sprung ist ihr zur Gewohnheit geworden. Sie hat nun auch den Namen „Artemis” bekommen. Denn wie die antike Göttin ist sie eine Jägerin, unabhängig und frei streift sie durchs Land, und wo es ihr gefällt, erwählt und beansprucht sie den Ort für sich. Der Stuhl hier ist der rechte Platz für sie, sich geborgen zu fühlen und zugleich mit gespitzten Ohren und den schönen gelben Augen wachsam zu sein. Es ist nun „ihr“ Stuhl, und sie füllt ihn ganz aus. Das weiche weiße Kissen ist ein fester Bestandteil dieser gelungenen Beziehung – es lässt sie sanft sein ...

Stuhlkatze „Hera“

Wer sich eine Katze hält, hat immer auch ein Problem mit den scharfen Krallen, die sich in den Samtpfötchen verstecken. Es gehört zur Natur der Katze, sich nicht nur emsig zu putzen, sondern auch diese versteckten Kletter-, Kampf- und Fangwerkzeuge instandzuhalten und hin und wieder zu wetzen.
Dabei bevorzugen alle Hauskatzen, wenn vorhanden, Polster jeder Art, weil sie der zu erprobenden Kraft den rechten Widerstand bieten und den Erfolg der Krallenarbeit so deutlich sichtbar machen. Unser Bild zeigt das zielstrebig aktive Tier, wie es in konzentrierter Beharrlichkeit das Strohpolster des Stuhls bearbeitet. Die weißbunte Katze ist eine Schwester von „Artemis”, und hat von ihrem Besitzer den Namen „Hera“ erhalten, neugriechisch „Ira“, wie das lateinische Wort für „Zorn“, weil sie sich gerade so herrisch und furienartig erregbar gebärden kann wie die eifersüchtig wütende Gattin des Zeus. Mit den gestreckten Hinterbeinen stemmt sich die Katze kraftvoll gegen das Strohgeflecht, mit Verve und gespannter Aufmerksamkeit, bis in die Schwanzspitze energiegeladen, krallt sie die Vorderpfötchen ins Stroh, dessen Halme schon nach allen Seiten abstehen, so zerrupft ist bereits der Sitz. Man wird Hera den Stuhl fortan lassen müssen, sie hat ihn bekämpft, besiegt, erobert – er ist ihrer.

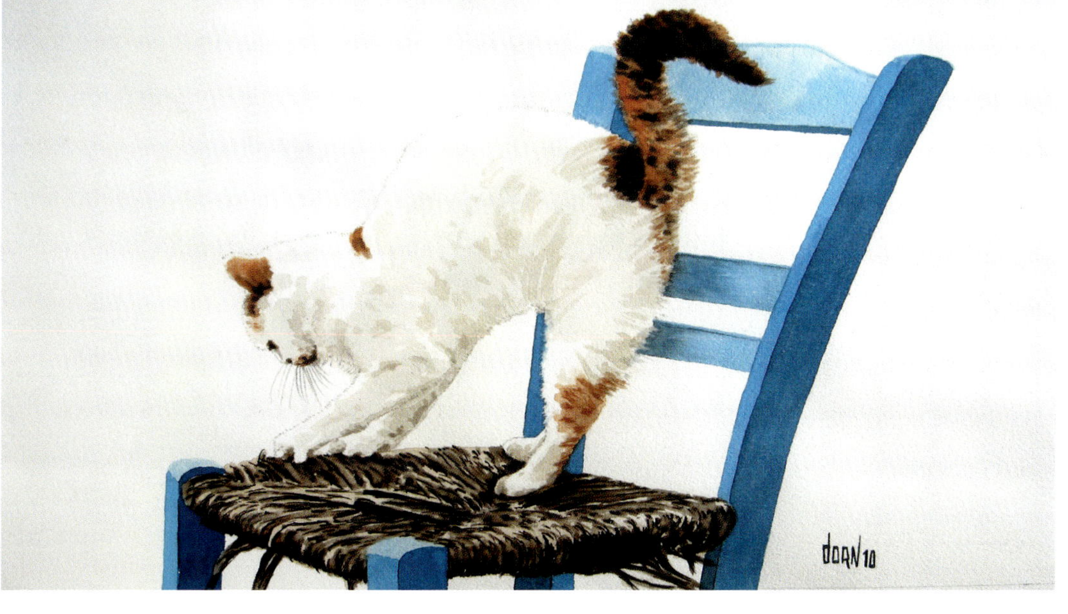

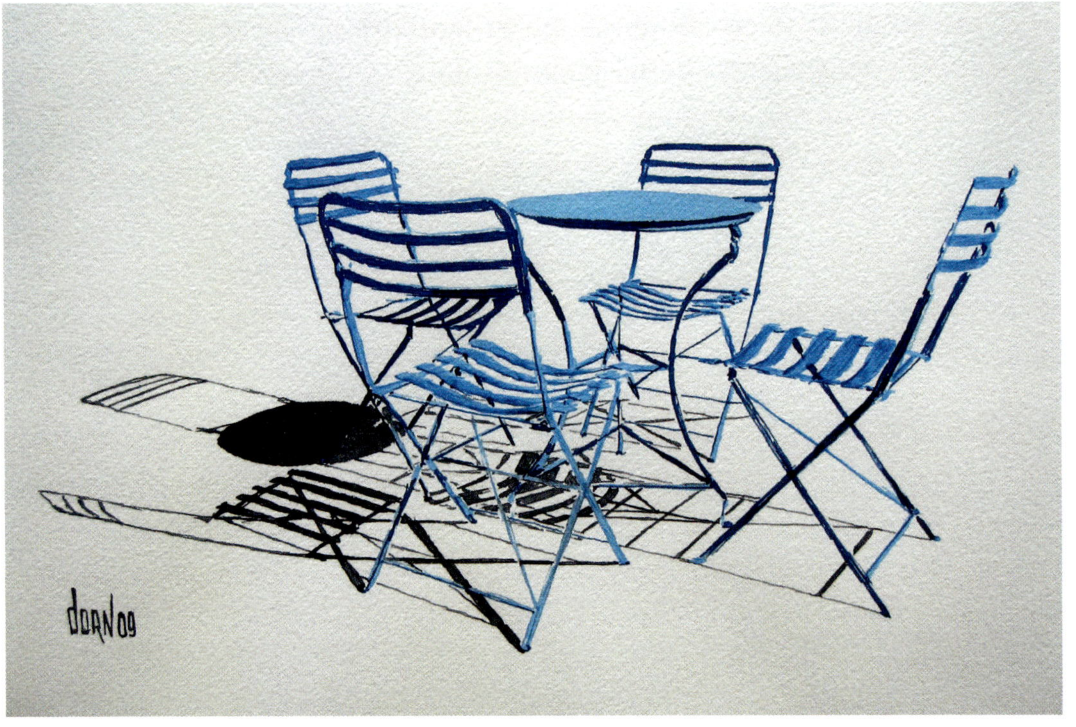

Schattenspiele

Hier haben wir es mit Metallstühlen zu tun, die allerdings in Form und Farbe die griechische Tradition zu wahren wissen und diese mit der praktischen Verwendung als zusammenklapp- und wegstellbare sowie spontan wieder hervorzuholende Gebrauchsmöbel verbinden. Entsprechend exakt sind sie gebaut, mit ineinander rastenden Gestängen, so dass sich diese Stühle sogar stapeln lassen. Gleichzeitig sind sie anmutig. Wie sie sich in freiem und doch geordnetem Rhythmus um das runde Blechtischchen scharen, bilden sie ein geradezu musikalische Assoziationen hervorrufendes Quartett. Doch die linearen Muster, die unter ihnen die schräg einfallende Sonne auf den Boden malt, wirken wirr, schrill und bar jeder Regel, ein extravagantes, abstraktes, kühnes Schattenspiel, das sich natürlich mit dem wandernden Sonnenstand verschieben und ändern wird.

Das klassische Konzert hat sich zu wilden Rockrhythmen gewandelt. Doch an manchen Stellen arbeitet sich die ein oder andere reine Gestalt aus der Wirrnis heraus, ein Gitter, entsprechend dem Stuhl, eine ellipsoide Fläche zum Tischchen … Das schräge Streifenkonzert scheint nur so verworren: In Wahrheit entspricht es den unbestechlichen Regeln der Natur, nach denen jeder Körper, jede Fläche, jede Linie, jeder Winkel eines Gegenstandes im dazugehörigen Schatten seinen exakten Niederschlag findet – trotz optischer Brechung. Jede Linie, jede Form ist bis zu ihrem Ursprung zurück verfolgbar, gleich einer Metapher für geheime Ordnung im Chaos.

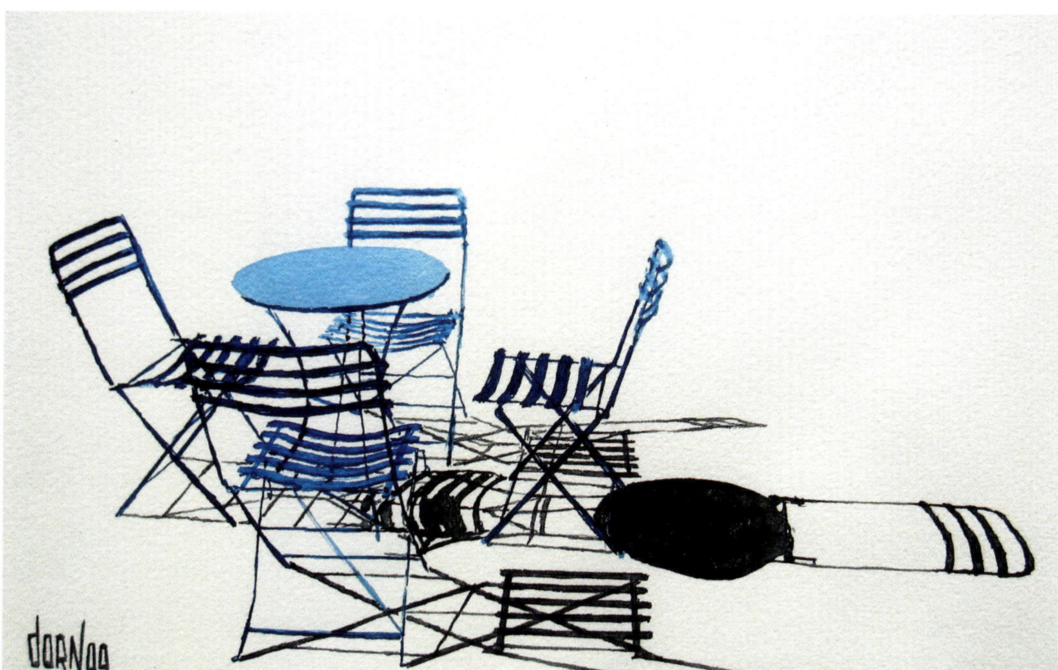

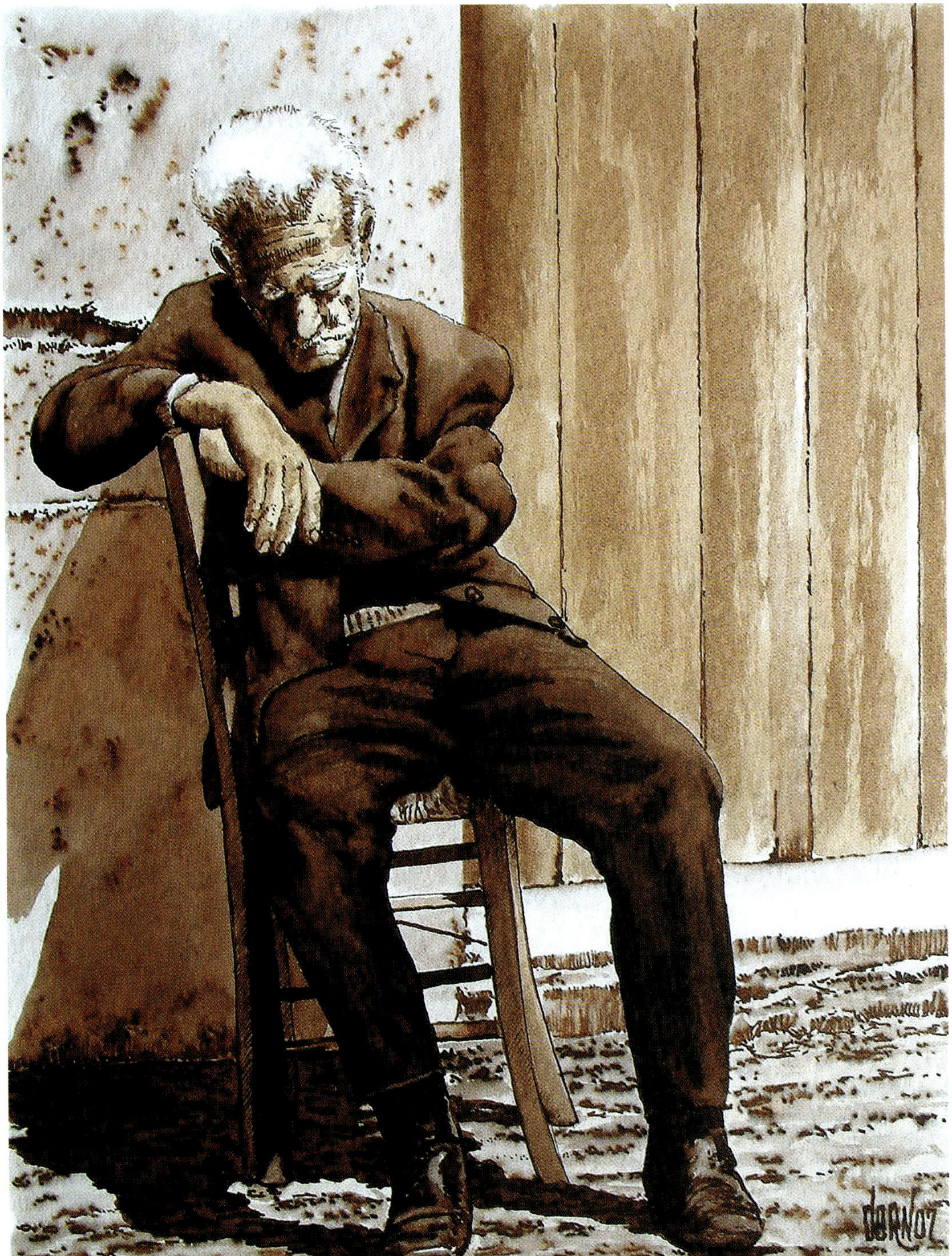

Kleiner Mittagsschlaf

Die griechischen Strohstühle sind nicht bequem. Ihre Sitzflächen sind klein und uneben, und wenn man sich trotzdem auf einem Tavernenstuhl den ganzen Abend lang wohl fühlt, so liegt das auch am Wein und der „Parea“, der Gesellschaft. Der alte Mann, ein Dorfbewohner, der auf seinem Stuhl eingenickt ist, hat sich ein Leben lang an dieses Sitzmöbel gewöhnt. Die ganze sepia-braune, weiß schattierte Tonigkeit des Bildes betont diese Verbundenheit des Mannes mit seiner Umgebung. Er ist mit seinem Stuhl, den Brettern und der abgenutzten Wand hinter ihm, dem unebenen gesprenkelten Boden unter ihm verwachsen wie mit seinem Schatten. Den Stuhl hat er quer gestellt, damit er Hand und Arme auf die Rückenlehne stützen kann, die ihm seitlichen Halt gibt. Die Gefahr, dass er vom Stuhl rutscht, ist also gering, und wenn er aufwacht, kann er sich gleich hoch stützen, aufstehen und davon gehen … Aber noch ist er dem Schlaf hingegeben, selbstverständlich und gelöst, offen hingebreitet, ist er ganz bei sich, daheim im Hof, wo sein Stuhl immer für ihn da ist, im Schlafen wie im Wachen.

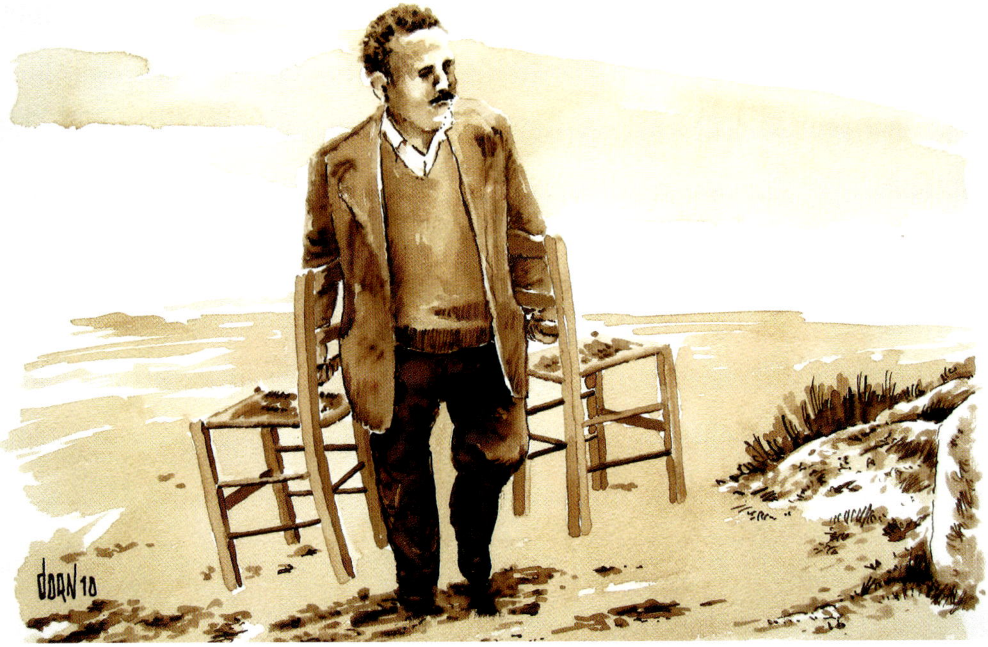

Stuhlgang

Die Plumpsklos vergangener Zeiten, die weltweit sicher heute noch einen Großteil der Aborte stellen, bestanden bzw. bestehen aus einer hölzernen Sitzfläche um ein in tiefe Tiefen führendes rundes Loch. Sie gaben der vornehmen Umschreibung eines ebenso natürlichen wie verpönten Vorgangs den Namen, denn um diesen „Stuhl“ zu benutzen, musste man erst zu ihm hin „gehen“, weil er sich meist außerhalb des Hauses befand, in einem entlegenen Winkel des Gehöfts oder Gartens. Unser Künstler nimmt den Begriff wörtlich, entfremdet ihn dadurch völlig von seinem ursprünglichen Sinn und setzt damit beim Betrachter allerlei Gedankenspiele in Gang. Wir sehen einen einfachen, aber fein gekleideten Dorfbewohner Griechenlands – er trägt ein Jackett –, wie er unter jedem Arm einen Holzstuhl absurderweise über den völlig leeren Meeresstrand schleppt. Ist es ein Tavernenwirt, der sich seine entführten Stühle zurückholt, oder hat sich eine örtliche Honoratiorenversammlung ausgerechnet den Dünensand zu einer Besprechung ausgesucht, oder braucht man irgendwo für eine Gesellschaft mehr Sitzgelegenheiten und der Weg über den Strand ist eine Abkürzung? Ein geradezu surrealistisches Bilderrätsel, das durch den parodistischen Doppelsinn der Bezeichnung seinen Pfiff erhält.

Tavli-Spieler

Urgriechisches wird hier dargestellt – Brettspiele gab es schon in der Antike –, zeitlos wie seit eh und je und zugleich absolut dem Moment anheim gegeben. So war es immer schon und so wird es Gott sei Dank auch bleiben, wenn Griechen ihre täglichen Pflichten erfüllt haben und ihnen Raum für das Persönliche bleibt, wie es bei den Alten der Fall ist, die den ganzen Tag ihrer Muße frönen dürfen. Bezeichnenderweise ist das Tavlispiel eine Beschäftigung, bei der der eigene Kopf ebenso wie die stets begehrte Geselligkeit zu ihrem Recht kommen. Zwei Rentner spielen Tavli in einer Ecke der Taverne oder des Kafenions – man erkennt das an den Stühlen, die mehr an Zahl sind als es für die beiden braucht. Das Tavlibrett, größer als sein Unterstand, beherrscht die Mitte. Einer beugt sich vor, er ist am Zug und schiebt die runden Plättchen, die man nicht sieht, aber doch kennt. Der andere schaut zu, wartet ab und zündet sich erst mal eine Zigarette an, eine Handlung, bei der Anspannung und Erregung in Gelassenheit münden, gerade so wie beim Spiel Vertiefung und Aktivitäten wechseln.

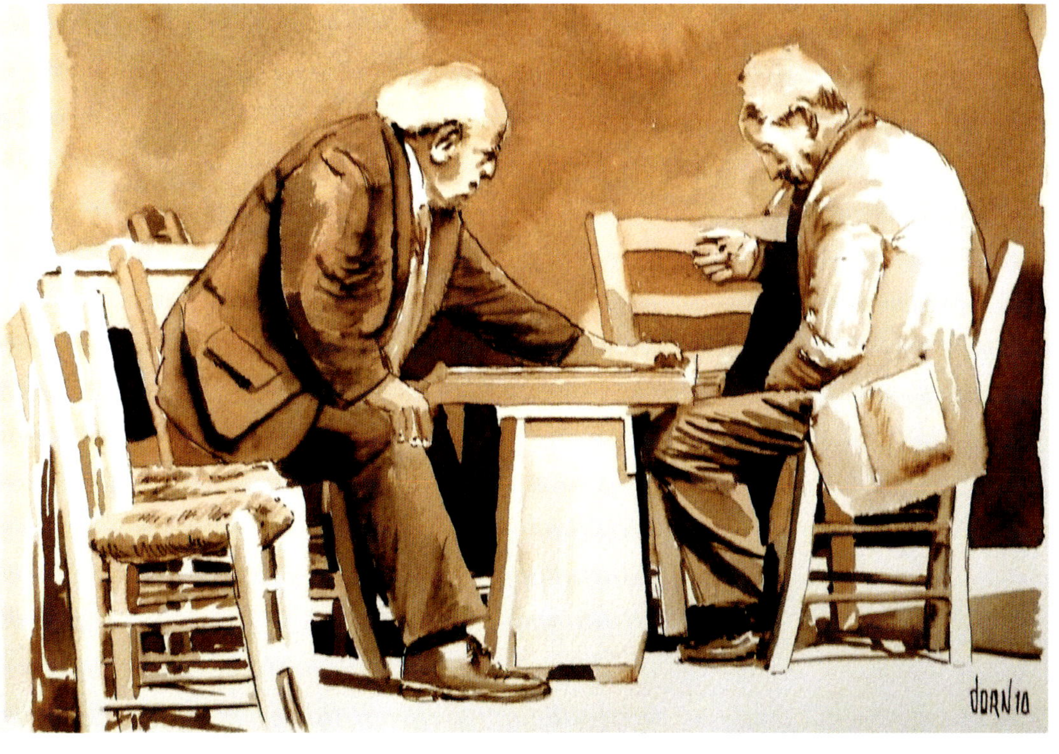

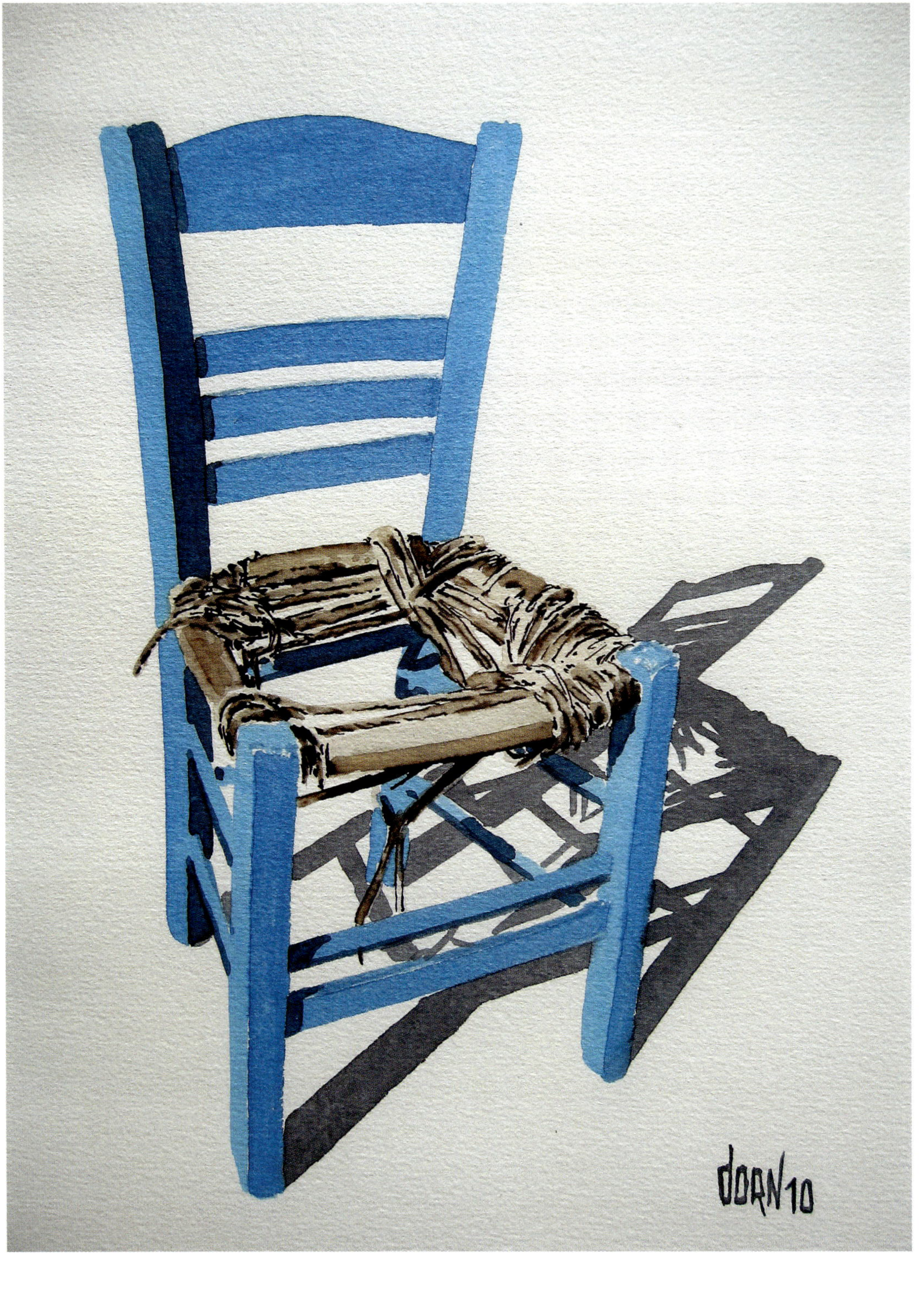
DORN 10

Leer-Stuhl und Lehrstuhl

Den Begriff „Leer-Stuhl“ gibt es nicht. Er entspringt den Gedanken des Malers und wird so zur Parodie für die erhabene Existenz des Begriffes „Lehrstuhl“ (s. S. 41), jenes Amtssitzes von Professoren, die anderen etwas zu vermitteln haben oder glauben, vermitteln zu müssen. Der Künstler malt seinen Leer-Stuhl nicht nur leer, sondern mit einem ausgefransten Loch: Er ist kaputt. Alles, was darauf gelegt wird oder sich darauf setzt, fällt durch …

Der Lehrstuhl aber ist trotz schlichter Schiefertafel schwer befrachtet: mit so etwas wie einer „Weltformel" und dem Bildnis eines der größten Physiker. Beide Stühle werfen breite Schatten: der eine fast substanzlos, der andere gewichtig. So ein Lehrstuhl trägt schwer an dem Amt, das an ihn gebunden ist: Er hat den fähigen, würdigen, integeren Wissenschaftler und Lehrer zu repräsentieren. Doch wie viele Lehrstühle wurden deformiert durch die Verkünder falscher Ideologien, die bestenfalls nur Lücken und Hohlheiten zurückließen, schlimmstenfalls jedoch viel mehr als ihr Lehramt beschädigten und vernichtend verdarben …

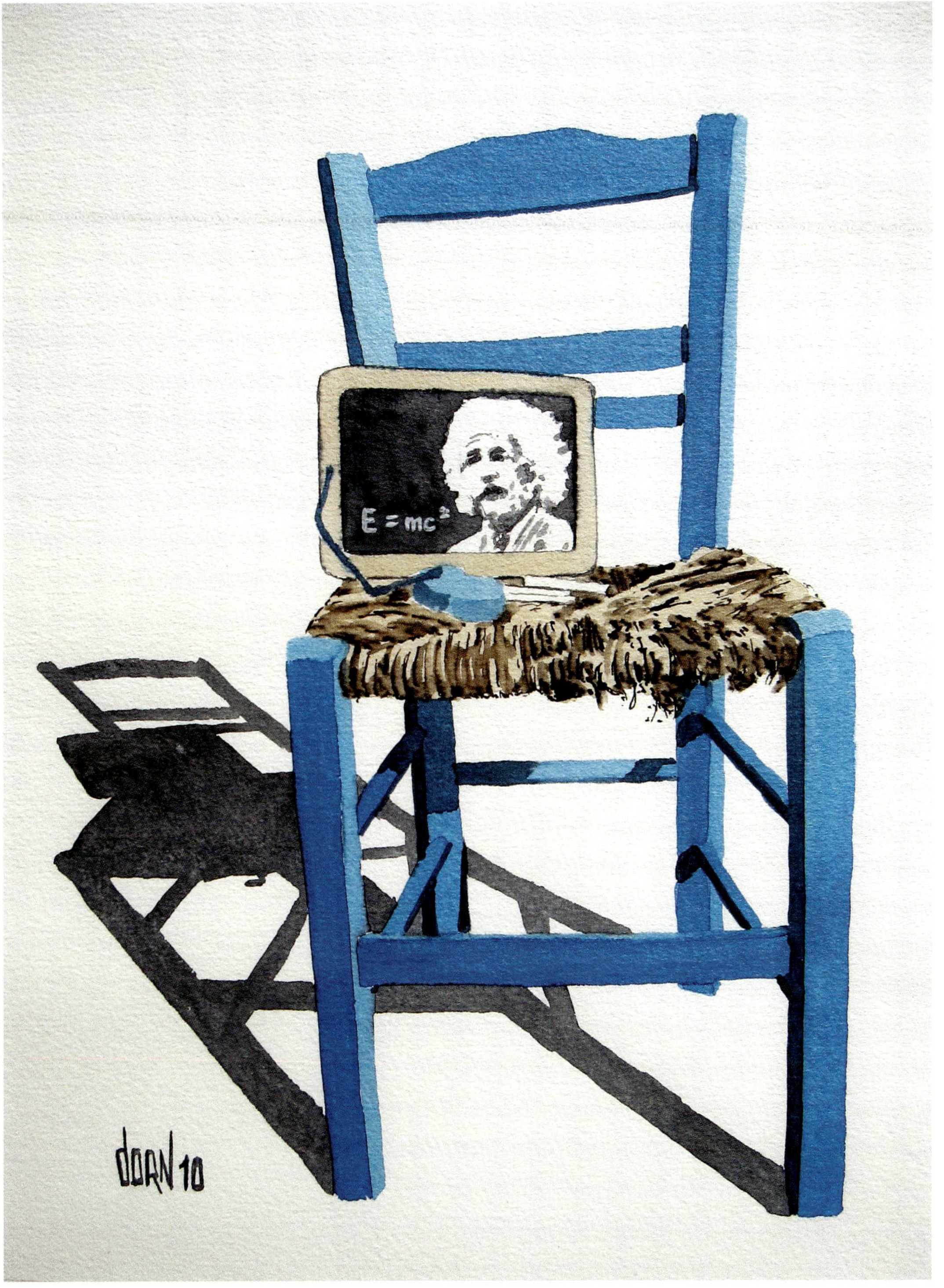
E = mc²
DORN 10

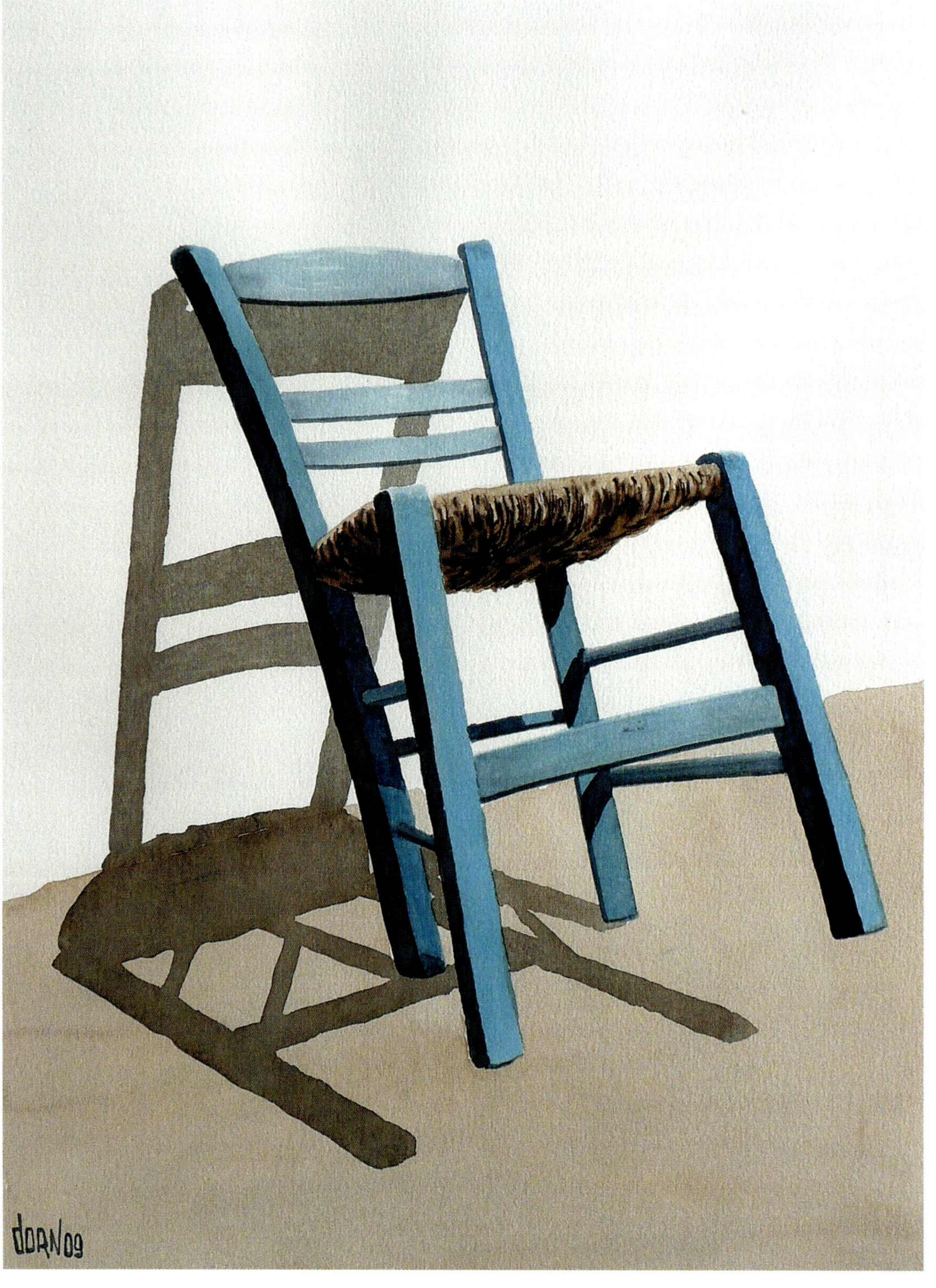
dorn 09

Lehnstuhl

Sich zurückkippen lassen, aufgefangen werden von einer haltenden Stütze, die Beine von sich strecken dürfen und sich, vom konzentriert Senkrechten loslösend, entspannen dürfen – welche Wohltat. Zumindest teilweise kann man die Glieder ausruhen und sogar den Kopf, ohne das Denken ganz „abzuschalten“. Hier ist er dargestellt, dieser „Schwebezustand“ zwischen Aufrechtstehen und hinsinkend, zwischen Aktivität und Ruhe, zwischen Pflicht und Neigung, der keineswegs ein völliges Erschlaffen bedeutet, sondern ebenso das Jederzeit-wieder-bereit-und-fit-sein signalisiert. Das Zurück- und Anlehnen bedeutet ein Ausruhen nur für eine kleine Weile, eine Pause nur. Man gibt sich die Stütze, wann und wo man sie braucht, selbst, versinkt nicht endgültig wie im Schlaf, der ohnehin höchstens ein Schläfchen wird, sondern kommt gleich wieder hoch, ist sofort wieder da, wenn es erforderlich ist. Wer im Lehnstuhl ruht, bleibt Herr über Erholungsbedürfnis und Leistungsbereitschaft. Ganz so wie dieser zurückgekippte Stuhl, der auch schnell wieder zu seinem normalen Standpunkt zurückfinden kann.

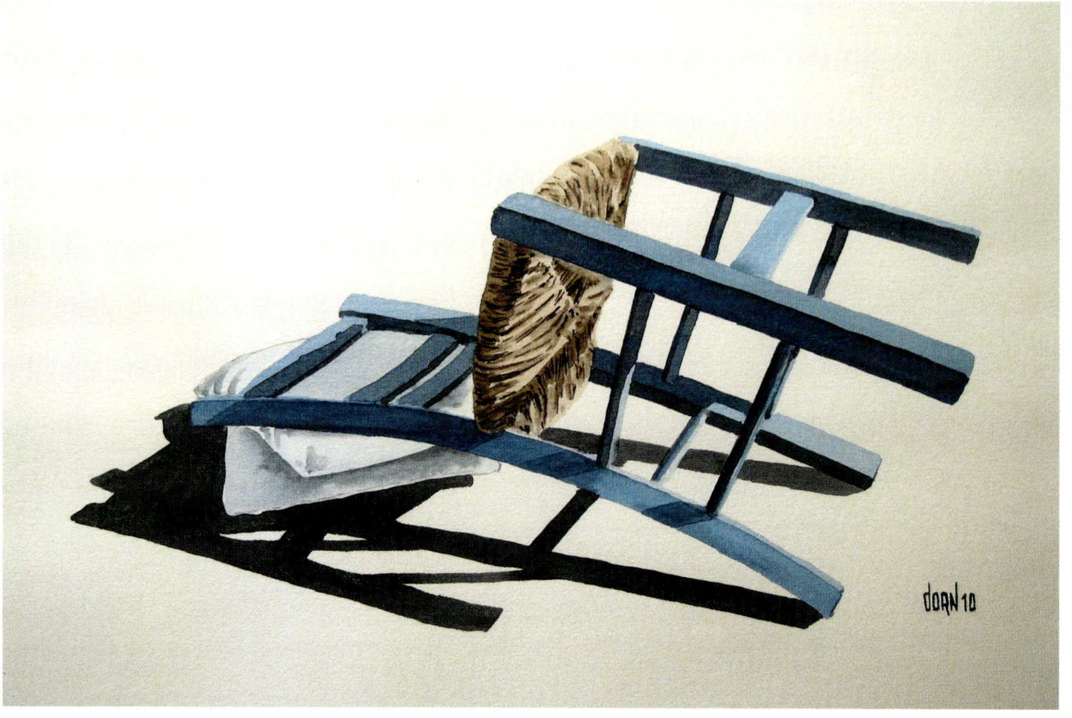

Liegestuhl

Unser Stuhl darf auch mal müde werden! Er wurde ziemlich strapaziert, gedreht, gewendet, gebeugt, wieder aufgerichtet, wieder gekippt und immer noch einmal zu neuer Pose arrangiert … Er durfte nicht einfach nur Sitzmöbel sein. Vielmehr wurde er als Persönlichkeit herausgefordert und zu mimischen Vorstellungen veranlasst, die ursprünglich gar nicht zu seiner Gattung gehören. Symbolische Ausdruckskraft wurde ihm abverlangt für stuhlfremde, menschliche, partnerschaftliche, gesellschaftliche Lebenssituationen. Bild für Bild hat der Künstler in darstellerischer Hinsicht „das Letzte aus ihm herausgeholt“.

Jetzt ist vorerst mal Schluss mit den schwierigen Stellungen: Er darf sich einfach mal hinlegen. Ein schönes, weiches weißes Kissen, auf das er sein Haupt betten kann, alle Viere von sich zu strecken und ganz er selbst zu sein – das hat er sich verdient. Ja, er braucht nicht einmal mehr seine angestammte Aufgabe wahrzunehmen, immer als Sitzmöbel bereit zu sein, auch in dieser Hinsicht darf er einmal passen!

Web-Stühle

Wieder weckt ein Begriff, wörtlich genommen und durch künstlerische Phantasie bereichert, beim Betrachter eine Fülle von Assoziationen. Die schöpferische Phantasie ist hier aber das Ergebnis einer griechischen Realität, die jeder kennt, der längere Zeit sein Haus auf dem Lande, Möbel und Gegenstände sich selbst überließ: Er wird sie ganz gewiss von Spinnen erobert wieder finden, die entweder von Stück zu Stück ihre Netze gesponnen haben, wie hier zwischen den Stühlen, oder in weißen Klebeblasen ihren Nachwuchs heranziehen. Spinnen versinnbildlichen Fleiß, Kunstfertigkeit, aber auch Heimtücke und Raubgier. Wunderschön und technisch perfekt ist das Spinnennetz, wie es sich fein und elastisch schwingend von Lehne zu Lehne spannt und am Rand der Sitzfläche statisch verankert ist, doch welch wirksame Falle stellt es dar. Als der mechanische Webstuhl erfunden war und unzählige Webstühle fabrikmäßig eingesetzt werden konnten, welche Nachfrage nach Stoffen konnten sie befriedigen, wie viele Arbeitsplätze schaffen und sichern! Doch dann wurden sie auch zu Instrumenten der brutalen Ausbeutung – Gerhart Hauptmanns „Die Weber" geben uns noch heute einen lebendigen Begriff für diese Falle des Fortschritts. Und an wie vielen Webstühlen in der Dritten Welt mühen sich noch heute Kinderhände ab?

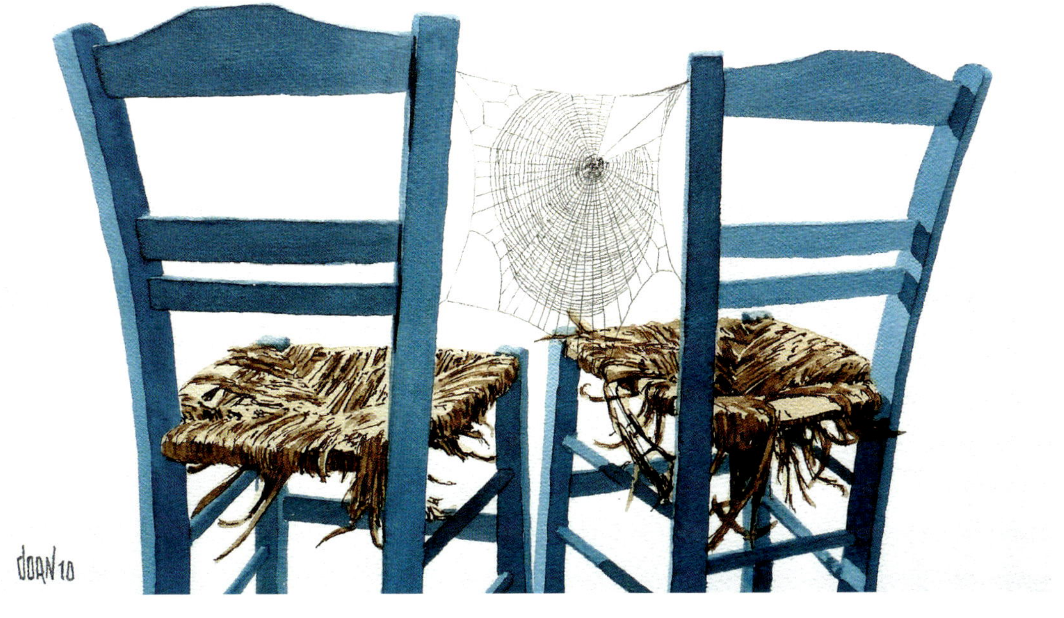

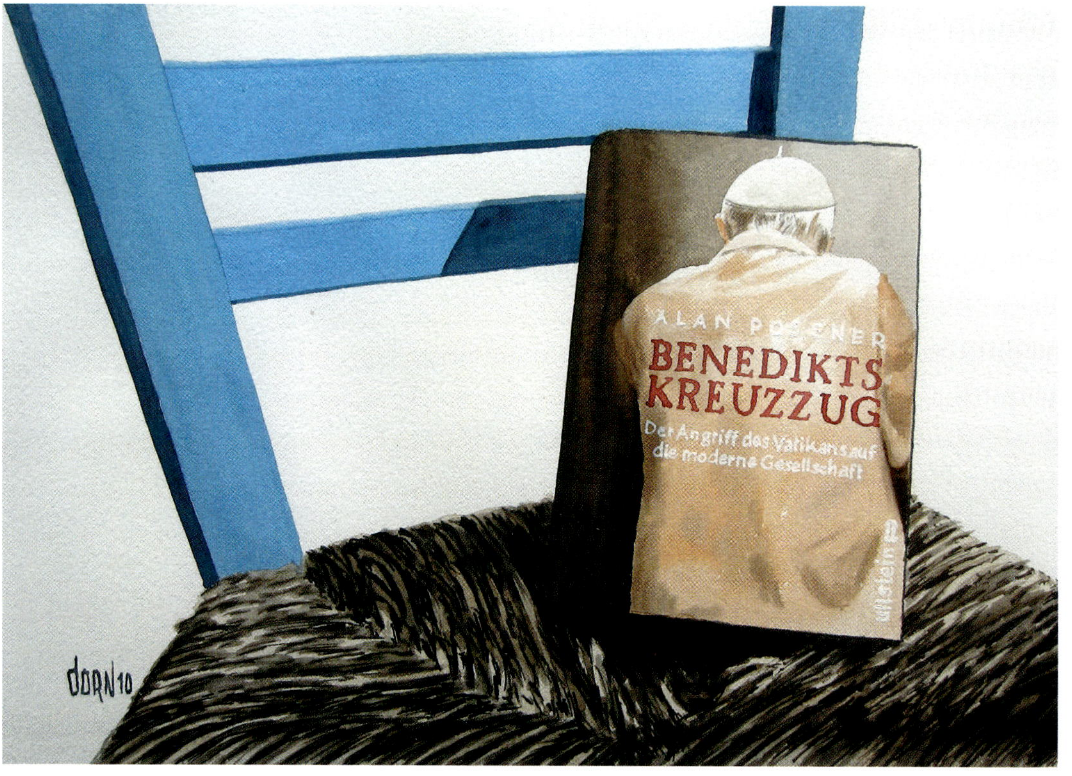
ALAN POSENER
BENEDIKTS KREUZZUG
Der Angriff des Vatikans auf die moderne Gesellschaft
ullstein
DORN 10

Der Heilige Stuhl

Der griechische Strohstuhl ist ein Gegenstand der Tradition, jedoch kein Museumsstück, sondern seit Generationen in Gebrauch und hat sich gegenüber allen neueren Stuhldesigns behauptet. Als Sitzmöbel ist er „mitgegangen" und deshalb „modern" geblieben, weil er die Bedürfnisse seiner Be-Sitzer erfüllt: heute wie einst Ausruhen, Für-Sich-Sein, Zu-sich-finden, Schauen, Lesen, Dösen … und ganz genauso symbolisiert er auch Geselligkeit, Freude und Freunde, Partnerschaften, Beziehungen, Essen und Trinken … Mittendrinsein in der Gegenwart, im vollen Leben. Der Stuhl, wie er hier im Ausschnitt zu sehen ist, ist offen, bereit zu allem, was sein Be-Sitzer in persönlicher Freiheit der Wahl mit ihm bzw. auf ihm beginnen will. Das geschlossene Buch aber, das auf der Stuhlecke hochkant steht, so dass man seinen Titel lesen kann, bringt das gerade Gegenteil zum Ausdruck, spricht von einem, der sich abkehrt – von den Menschen, ihren Bedürfnissen, ihren Freuden, ihrem Leben in der Gegenwart, und auf ihre Fragen und Unsicherheiten, die sich aus Fortschritt und Entwicklung ergeben können, immer nur wieder die Antworten von gestern und vorgestern gibt, verbunden mit den ewig gleichen ultimativen Forderungen, Zwängen und dem Druck des Gewissens. Der „Heilige Stuhl" bleibt sitzen auf der Position der hohen Warte, nimmt nicht Teil am Leben, beurteilt es vielmehr von einem außerhalb und rückwärts gewandten unbeweglichen Standpunkt. Er ist nicht wendig wie unser griechischer Stuhl, sondern starr und steif, unverrückbar an seinem einmal eingenommenen, fest gesetzten Platz.

Beicht-Stuhl

Der Stuhl, das Komboloi und das Kreuz – drei Gegenstände, die in Griechenland in keinem Haus fehlen, drei persönliche Dinge fast eines jeden Griechen. Alle drei zusammen laden sie ein zur Muße, zur denkenden Muße: entspanntes Sitzen, die Hände auf dem hier nicht sichtbaren Tischchen, wandernde Gedanken, während Perle um Perle abrollt. Gedanken über sich selbst, die Familie, das Leben, Gott und die Welt. Das Komboloi ist eigentlich ein Spielzeug – ein Männerspielzeug –, dessen religiöser Ursprung höchstens noch unterschwellig bewusst ist. Beim Kettchen in Verbindung mit dem Kreuz ist es anders; es kann auch einer Frau gehören und als „Rosenkranz" mit Gebetsperlen dienen. Eher aber als ein Objekt der Frömmigkeit wird es als Glücksbringer verstanden mit den positiven Eigenschaften eines Talismans. So zwanglos an der Stuhllehne aufgehängt wie hier, will man es anscheinend in der nächsten Ruhepause wieder in die Hand nehmen. Der Griff zum Kreuz ist bei bestimmten Gedankenassoziationen eine eingeübte, persönliche kleine Zeremonie, ähnlich dem „Kreuzschlagen" vieler Griechen, wenn sie an einer Kirche vorbeikommen oder Zeugen einer Beerdigung, eines Unfalls werden: „Der Himmel möge uns behüten …" „Beicht-Stuhl" nennt der Künstler sein Bild. Hierzulande aber gibt es nicht die katholische Ohrenbeichte, nicht diese Bürde einer Kombination von Sünde, Reue und Peinlichkeiten. Wenn hier einer beichtet, und sei es beim Priester, dann in einem persönlichen, vertrauensvollen Gespräch, und für eine solche Aussprache von Angesicht zu Angesicht steht hier wieder unser griechischer Stuhl.

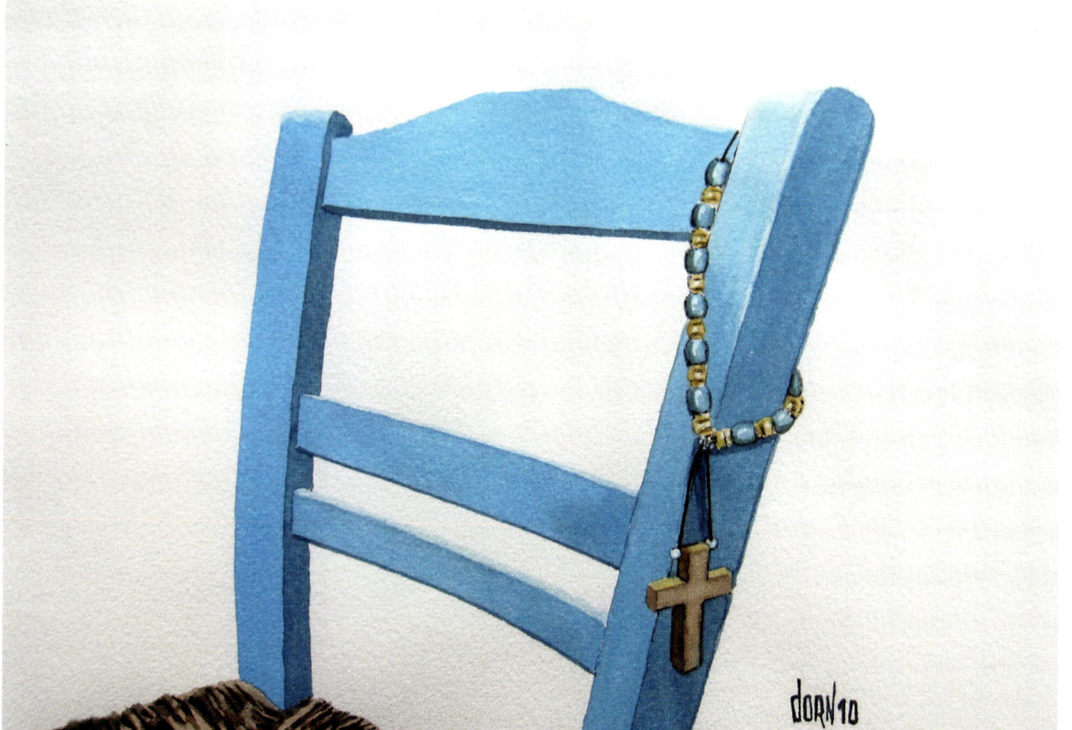
dorn10

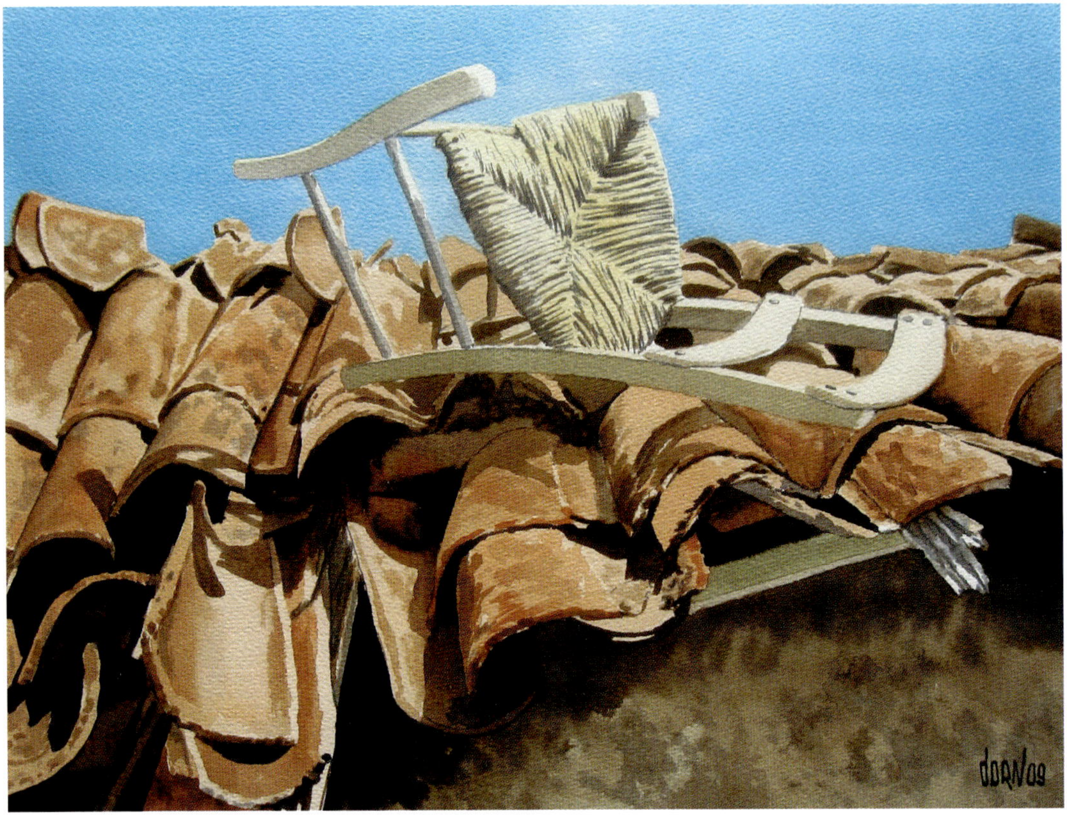

Alter Dachstuhl: Leben und Vergehen

Eben noch benutzt, nun dem Verfall preisgegeben, ragen sie beide in den blauen griechischen Sommerhimmel – Stuhl und Dach. Unberührt von Leben und Vergehen, bescheint die Sonne jeden Gegenstand. Das alte Ziegeldach – gehört es zu Haus oder Hütte? – bricht auseinander. Die tönernen Dachziegel sind verrutscht, vom Wind zu Scherben zerscheppert oder bröckeln. Jemand hat einen kaputten Strohstuhl darauf geworfen – das Ausrangierte zum Ausrangierten, das Morsche zum Morschen, das Nutzlose zum Nutzlosen … Nutzlos? Beides könnte wieder instand gesetzt werden, Dach und Stuhl; den Stuhl möchte man gern wieder richten und neu zusammennageln, die Ziegel (Mönch und Nonne) ihren ursprünglichen Regeln gemäß ineinander schichten, denn beide waren einmal schön, und von dieser Schönheit ist noch etwas geblieben. Vielleicht will sie auch tatsächlich jemand reparieren – später irgendwann – und hat sie deshalb zu diesem malerisch-traurigen Stillleben vereint. So entstand eine Idylle, wie sie einzig in Griechenland vorkommen kann, wo sich, bei den antiken Ruinen beginnend und sich bis in den heutigen ländlichen Alltag fortsetzend, eine besondere Ästhetik des Vergänglichen, Verwahrlosten, ja sogar Hässlichen herausgebildet hat, wo das Zerstörte lebendig bleibt und weiterhin von seiner einstigen vollkommenen Ganzheit kündet: das geschweifte Stuhlbein, der elastische Bogen, der das Rückgrat der Lehne bildet, das Strohmuster, das konkavkonvexe Wechselspiel der unterschiedlich getönten Dachziegel, die tiefen dunklen Höhlungen. Alle waren sie einmal schön und funktional, nützlich und sinnvoll, und zerfallend bewahren sie sich diese Erinnerung.

Tavernen-Stuhl

Wie ein „Wirtshausschild" mutet dieses Bild an, obwohl es solche im Sinne des Wortes in Griechenland gar nicht gibt: Nirgendwo hängt ein „Weißes Rössl" oder eine „Krone" im goldenen Rahmen. Dafür aber gibt es handgemalte hölzerne Laden-Tafeln, die den Eindruck von Tradition vermitteln sollen. Sie krönen die Eingänge von Bäckereien oder Kaffeehäusern oder eben auch mancher Taverne, wo sie im Stil naiver Kunst und in Schönschrift oft auch die Angebote und Preise aufführen. Hier scheint eine solche Tafel herunter gefallen zu sein. Sie hängt schräg zwischen dem breiten (und damit als bequem betonten) Tavernenstuhl und den gewundenen Stämmchen einer Rebe, einer „Klimatariá", die darauf verweist, dass man in dieser Taverne unter einem Schatten spendenden grünen Blätterdach sitzt. Welch eine Einladung! Die Tafel führt ein sehr schlichtes Angebot an Speisen und Getränken auf, das hier nicht eine ausgesprochene Taverne, sondern eher ein „Ouzokafemezedopolion" vermuten lässt, frei übersetzt: einen „Ouzo-Kaffee-Häppchen-Verkauf"!

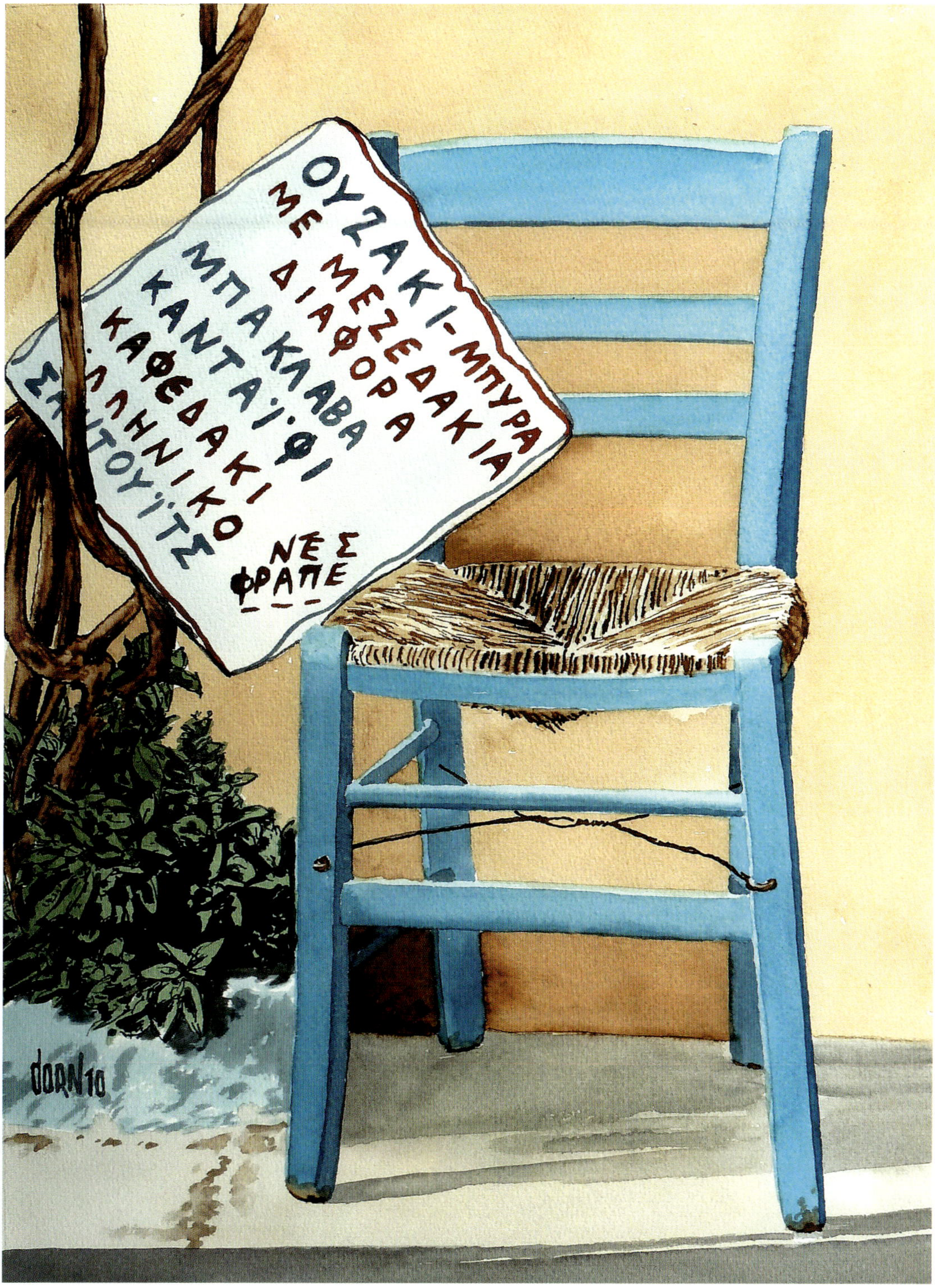
ΟΥΖΑΚΙ-ΜΠΥΡΑ
ΜΕ ΜΕΖΕΔΑΚΙΑ
ΔΙΑΦΟΡΑ
ΜΠΑΚΛΑΒΑ
ΚΑΝΤΑΪΦΙ
ΚΑΦΕΔΑΚΙ
ΛΛΗΝΙΚΟ
ΝΕΣ
ΦΡΑΠΕ
dorn 10

Der griechische Stuhl

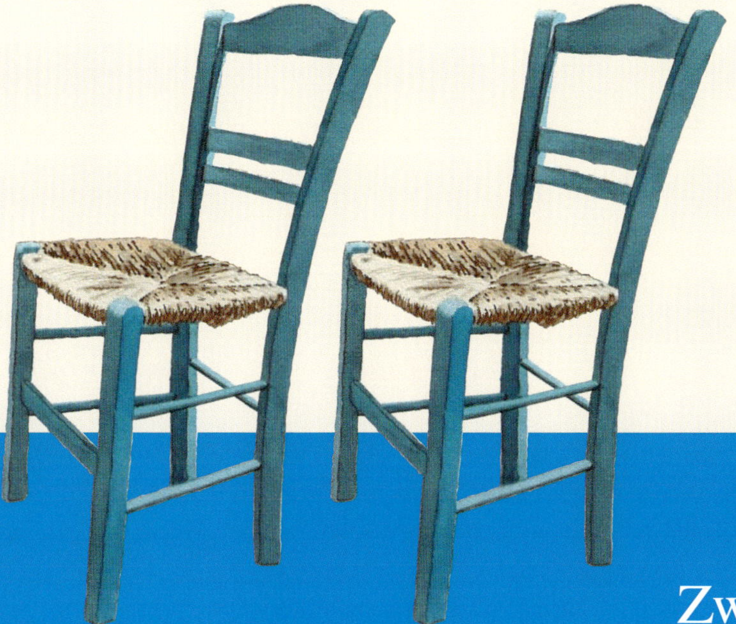

Zweiter Teil

Szenen einer Partnerschaft

Beziehungs-Stuhlbilder – eine Einleitung

In meiner Sammlung von Fotos aus Griechenland gibt es ein Bild vom Athener Omonia-Platz. Hauptmotiv darauf ist nicht der immense Verkehr und auch nicht die klassizistische oder moderne Bebauung, sondern ein Stuhl. Autos, Menschen, Fassaden und mittendrin ein Holzstuhl mit strohgeflochtenem Sitz. Dies war meine erste bewusste Begegnung mit dem „griechischen Stuhl". Früher oder später fällt er jedem auf, der aus dem Ausland nach Hellas kommt. Nicht nur, weil man ihn an utopischen Orten finden kann – wer würde denn am Hauptplatz einer europäischen Millionenmetropole einen einzelnen Stuhl erwarten –, sondern weil er eine eminent sprechende Aussagekraft hat und, wo immer er ist, hält, was er „verspricht": Entspannung, Zu-Sich-Selbst-Kommen auch in belebter Umgebung und, wenn man will, Geselligkeit. Was das Tischleindeckdich im Märchen, ist der griechische Stuhl im Alltag – ein Wunschstuhl, mit dem man sich selbst belohnen kann …

Diese Besonderheit macht ihn auch zu einem Motiv für touristische Werbung: das Land, in dem die Götter Urlaub machen und der Stuhl, von dem sie den Blick aufs Meer und den Ouzo genießen. Unzählige antike Vasenbilder und Reliefs zeigen, dass der Stuhl schon im Altertum am Schnittpunkt privater und öffentlicher Kommunikation das wichtigste Möbelstück bildete: Auf den schön gedrechselten antiken Stühlen sitzen der Flötenspieler und die Stickerin, Männer bei der Ölprobe und Kampfrichter bei Wettspielen – sowie die olympischen Götter beim Eintreffen des Festzugs am Parthenon. Den Stuhl am Omonia-Platz hatte irgendein Kioskbesitzer an den Straßenrand gestellt, um während einer kleinen Geschäftspause dicht am Zentrum des städtischen Treibens für sich zu sein. Privatleben in Griechenland schließt den öffentlichen Raum nicht aus, und ob in größerer Zahl in Tavernen oder paarweise im Tête-à-tête mit Blechtischchen im Café, sind die griechischen Strohstühle – auch, wenn niemand auf ihnen sitzt – Inbegriffe der Geselligkeit. Zugleich signalisiert ein einsamer Stuhl unter freiem Himmel einen Platz in der Öffentlichkeit, der „mein" ist. Er scheint immer noch von seinem abwesenden Besitzer zu künden und auf dessen Rückkehr zu warten und nicht auf den Nächstbesten wie der leider immer mehr verbreitete Massensessel aus Plastik. Vielmehr hat und gibt er Autorität, repräsentiert Eigentum, Würde und Bedeutung des Be-Sitzenden: Mein Geschäft, mein Amt, mein Stuhl – ein Phänomen, das man so nur in Griechenland findet.

Und nur in Griechenland konnte der Künstler Wassilis Dornakis seine „sprechenden" Stuhlserien malen und seine immer wieder erlebte Erfahrung, dass ein allgegenwärtiges Straßenmöbel Persönlichkeit ausstrahlt, in einem Bilderbuch Gestalt werden lassen, das jeden, der in Griechenland gewesen ist, begeistern wird. Auch wer das Phänomen noch nicht selbst erlebt hat, kann es in diesen Bildern sofort nachvollziehen und wird ebenfalls seine Freude daran haben. Mit dem Blick des Künstlers hat Dornakis die Individualität – jeder Strohstuhl wird in Handarbeit angefertigt – der griechischen Stühle erkannt und ihre Eigenheit ausgewertet, in bestimmten Konstellationen eine „Gebärdensprache" zu entfalten, an die man ganze Geschichten knüpfen kann … Mit Phantasie, Gestaltungskraft und nicht zuletzt mit Humor macht er die Stühle in seinen Bild-szenen zu überzeugenden Akteuren, lässt sie zu handelnden „Figuren" werden. Dabei geht es um die Wiedergabe künstlerisch sorgfältig erarbeiteter Arrangements, nicht etwa um Comics. Eher lassen die treffsicheren Aquarellszenen an Stillleben denken, in denen das Sujet Stuhl, allein oder paarweise oder mit Tisch, in immer neuen Ansichten künstlerisch „ausgeleuchtet" wird, wie zu anderen Zeiten und bei anderen Malern etwa Vasen und Früchte, dies aber mit der Spontaneität, die der Aquarelltechnik entspringt, spielerisch und mit Witz.

Noch einen Schritt weiter geht Wassilis Dornakis: Er wagt mit seinen Stühlen, schwer darzustellende tiefere, eigentlich für das Auge nicht erfassbare Begriffe zu verbildlichen. Würden diese von menschlichen Figuren personifiziert, müssten sie geschmacklos, „kitschig" geraten. Nur die ironische Distanz durch agierende Kaffeehausmöbel macht das Unmögliche möglich: die Darstellung zwischenmenschlicher Beziehungen in all ihren Facetten. Dazu hat Dornakis dem „Hauptakteur", dem Stuhl, einen Partner beigestellt, wie man ihn ebenfalls aus fast jedem Straßencafé Griechenlands kennt: das blaue Blechtischchen. Auch dieses ist eine runde Persönlichkeit, die allerdings nicht, wie der Stuhl, allein bestehen kann, sondern stets die Nebenrolle eines ergänzenden Assistenten übernimmt. Das blaue Blechtischchen agiert als Puffer, Prellbock oder Vermittler, als Plattform bzw. Forum … Wo es mitspielt, sind auch die Stühle blau gemalt. Daneben gibt es noch eine Serie mit braunen Stühlen, die „gediegener" wirken, auch älter und privater. Das „Griechisch-Blau" hingegen steht für öffentliche, flüchtige und spontane Momente, die Aktion und Spannung in Szene setzen.

Ich habe den Stuhlbildern von Wassilis Dornakis kleine Texte hinzugefügt, die eigentlich nicht als Erklärungen gemeint sind, denn die gemalten Szenarien sprechen in Zusammenhang mit den Titeln, die ihnen der Künstler gegeben hat, für sich. Meine Texte sollen eher gleich lautende „Wortszenen" sein, die das Dargestellte noch einmal „parallel" mit den Mitteln der Sprache beschreiben. Denn die gemalten Szenen geben geistige und gefühlsmäßige Elemente wieder, die ihren Gehalt aus der Begrifflichkeit des Wortes selbst beziehen. Bezeichnungen wie Einigkeit, Innigkeit, Abwehr, Aggression, Resignation oder Leidenschaft ... rufen zunächst einmal Sprachbilder hervor, die dann gemäß dem gesellschaftlichen, psychologischen und literarischen Erfahrungsschatz vom Künstler ins Gegenständliche und schließlich Symbolische umgedeutet werden.

Ursula Spindler-Niros

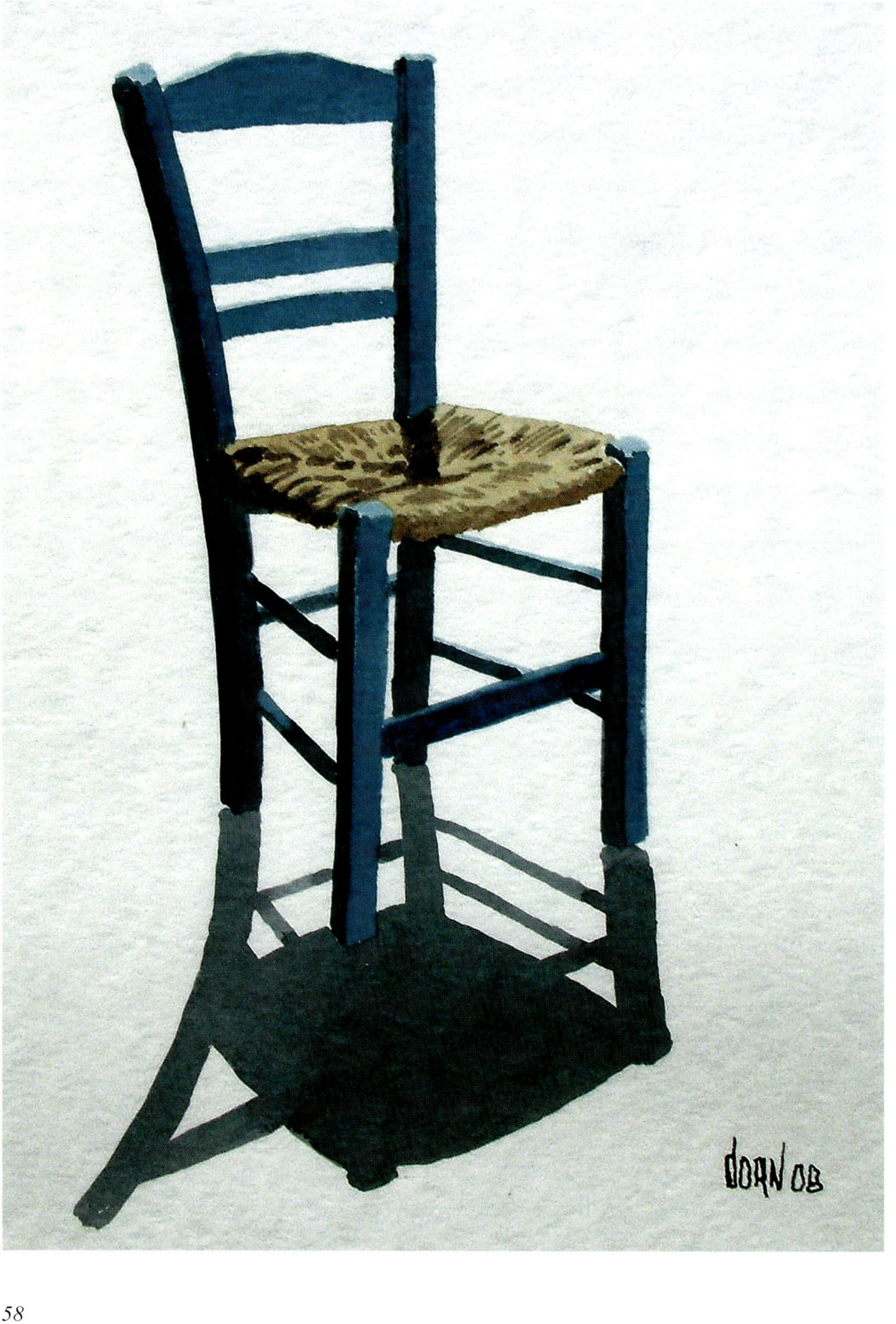
DORN 08

Single

Er ist allein und auf sich gestellt. Ob er das so will oder nicht, sieht man ihm nicht an. Er wirkt stark, aufrecht und selbst bestimmt, auch durch seinen komprimierten Schatten. Dem Betrachter gegenüber im nach rechts gerichteten „Dreiviertelprofil" erscheint er autark, aber zugleich entgegenkommend. Wahrscheinlich ist er nicht für immer Single oder nicht ununterbrochen. Es ist ausreichend Platz für einen, der seinen Stuhl dazu stellt.
Vielleicht ist es auch eine „Sie"; „Karekla" – „Stuhl" ist im Griechischen ein Femininum, und starke, alleinstehende Frauen, die sich selbst Stütze und Lehne sind, gibt es heutzutage viele.

Ungebunden

Halten wir die Szene „Single“ daneben, begegnen wir wieder der Identität zweier Stühle im „Dreiviertelprofil“ unter seitenverkehrtem Aspekt: Der Single wendet sich nach rechts, der Ungebundene nach links. Beide stehen aufrecht im absolut freien, weißen Raum, ohne Tischchen und mit komprimierten Schatten. Gibt es einen Unterschied in Inhalt und Ausdruck? Beim Anschauen des zweiten Bildes – weil man das erste schon kennt – mag sich der Eindruck einstellen, der „ungebundene Single“ drehe und wende sich nach allen Richtungen, gerade wie er wolle. Ist der erste, den wir in fester Ausrichtung nach rechts erlebten, darum ein irgendwie „gebundener“ Single? Wir stehen vor einem kleinen Bilderrätsel, das uns über Begriffe nachdenken lässt: Ist ein ungebundener Mensch auch ein Single oder ein Single immer auch ungebunden?

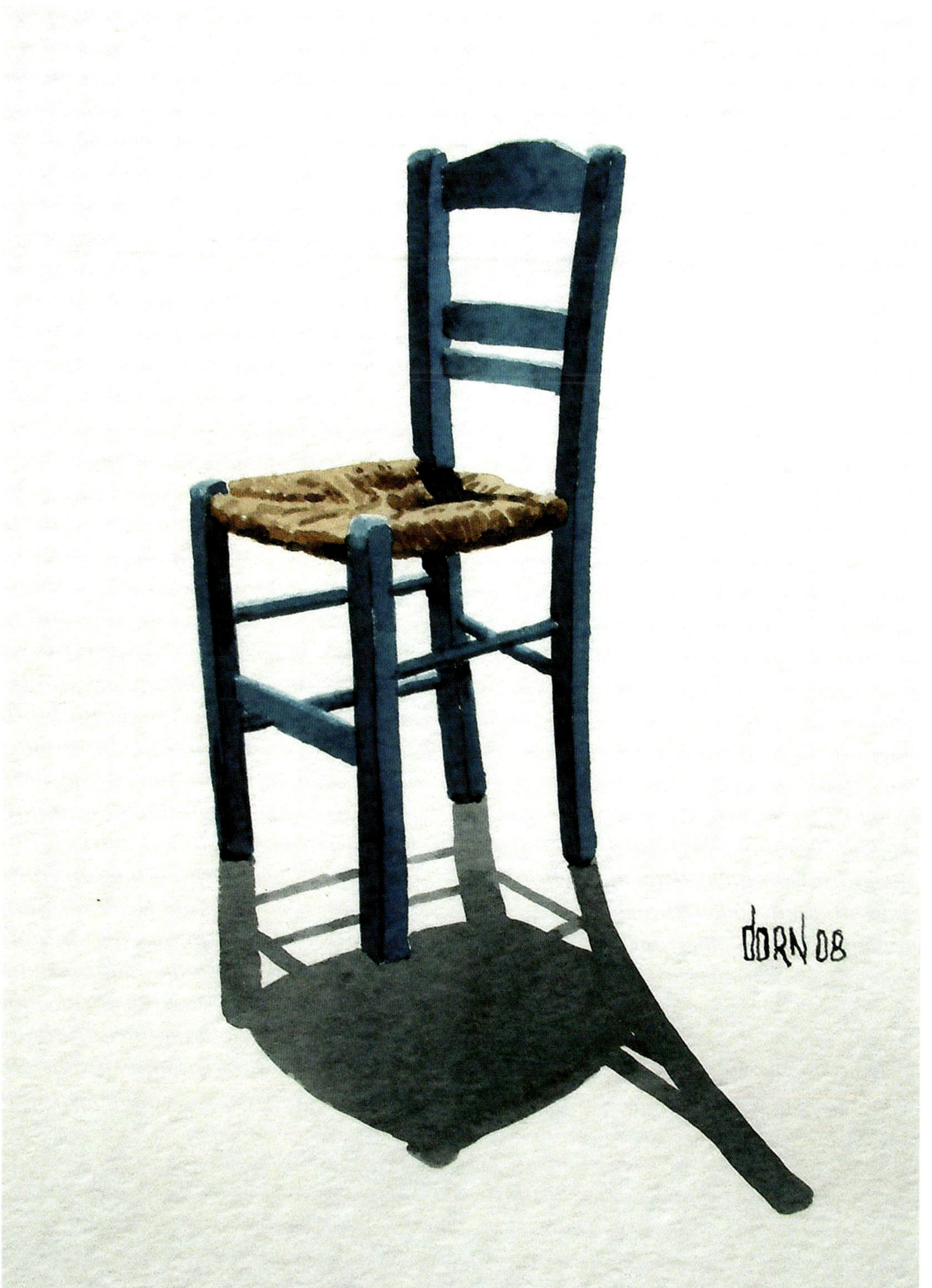
DORN 08

Einsamkeit

Der Anblick ist ebenso typisch wie selten für Griechenland. Ein runder blauer Blechtisch, ein blau angestrichener Holzstuhl mit geflochtenem Sitz. Aber nur einer! Geselligkeit wird nicht erwartet. Der Stuhl steht seitlich heran geschoben an das Tischchen. Wer dort Platz nimmt, ist wieder bereit zum Aufbruch. Und trommelt auf der Tischplatte mit den Fingerspitzen.

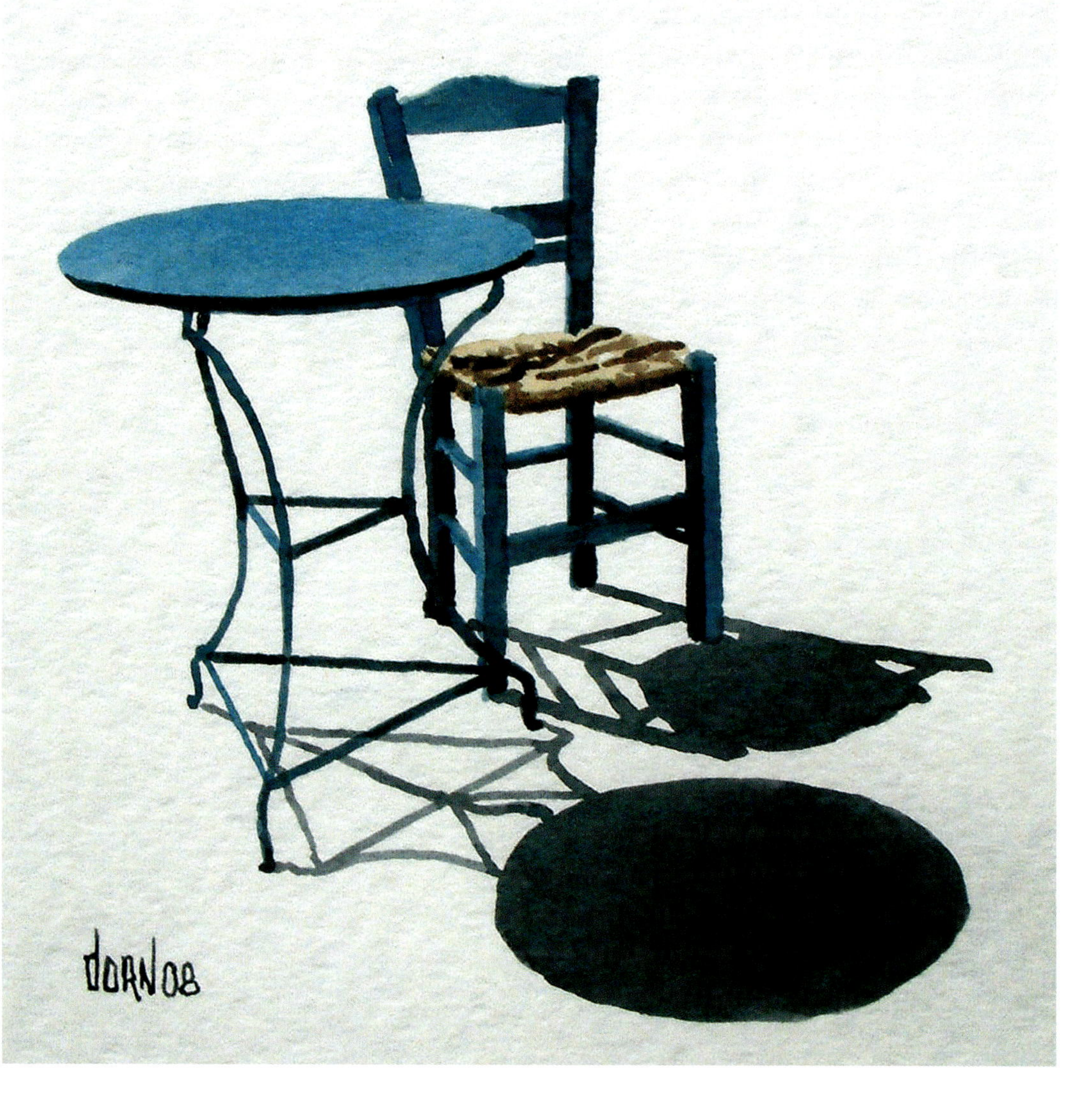

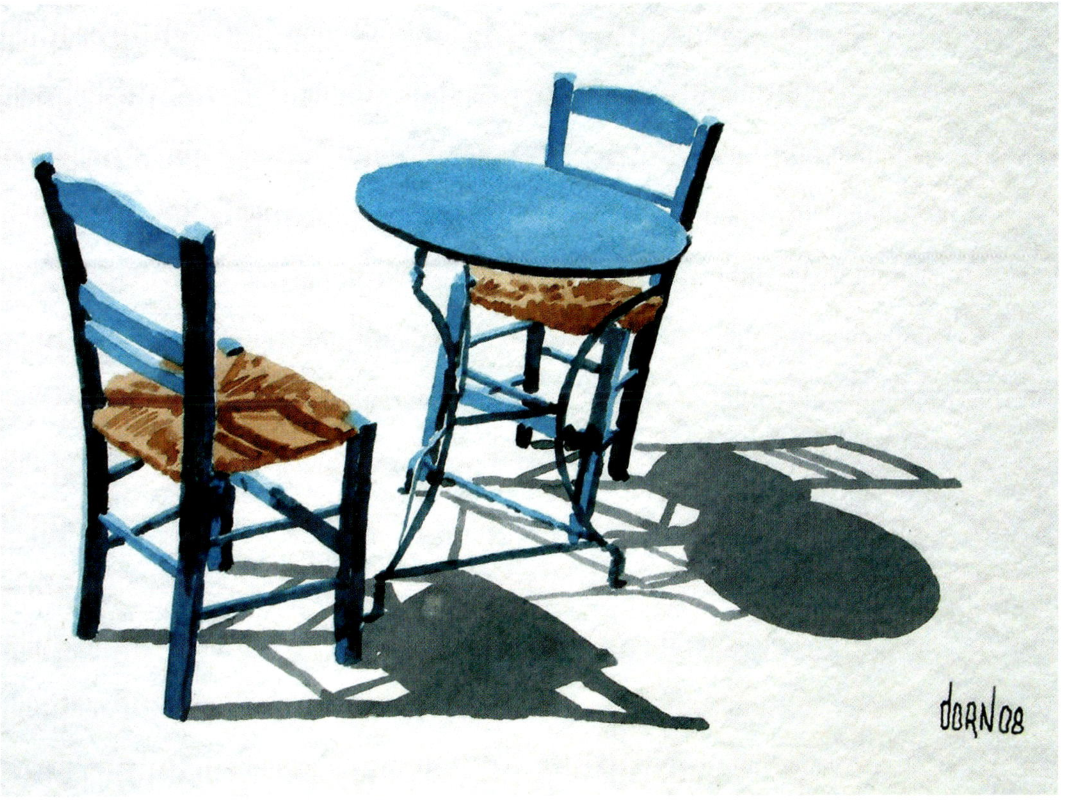

Einladung

Auffallend in diesem Aquarell sind die Neigung zum Schrägen und die Flüchtigkeit der Konturen, insbesondere beim hinteren, sich an das schief stehende Tischchen lehnenden Stuhl. Bewegung ist im Bild. So als sei da eine(r) im Begriff, aufzuspringen und einen Stuhl zurecht zu rücken, um ihn jemandem anzubieten, den er/sie gerade erblickt hat. Der/die andere steht mit freundlicher Bereitschaft noch abwartend da, während ersteren die Aussicht auf das Beisammensein freudig erregt.

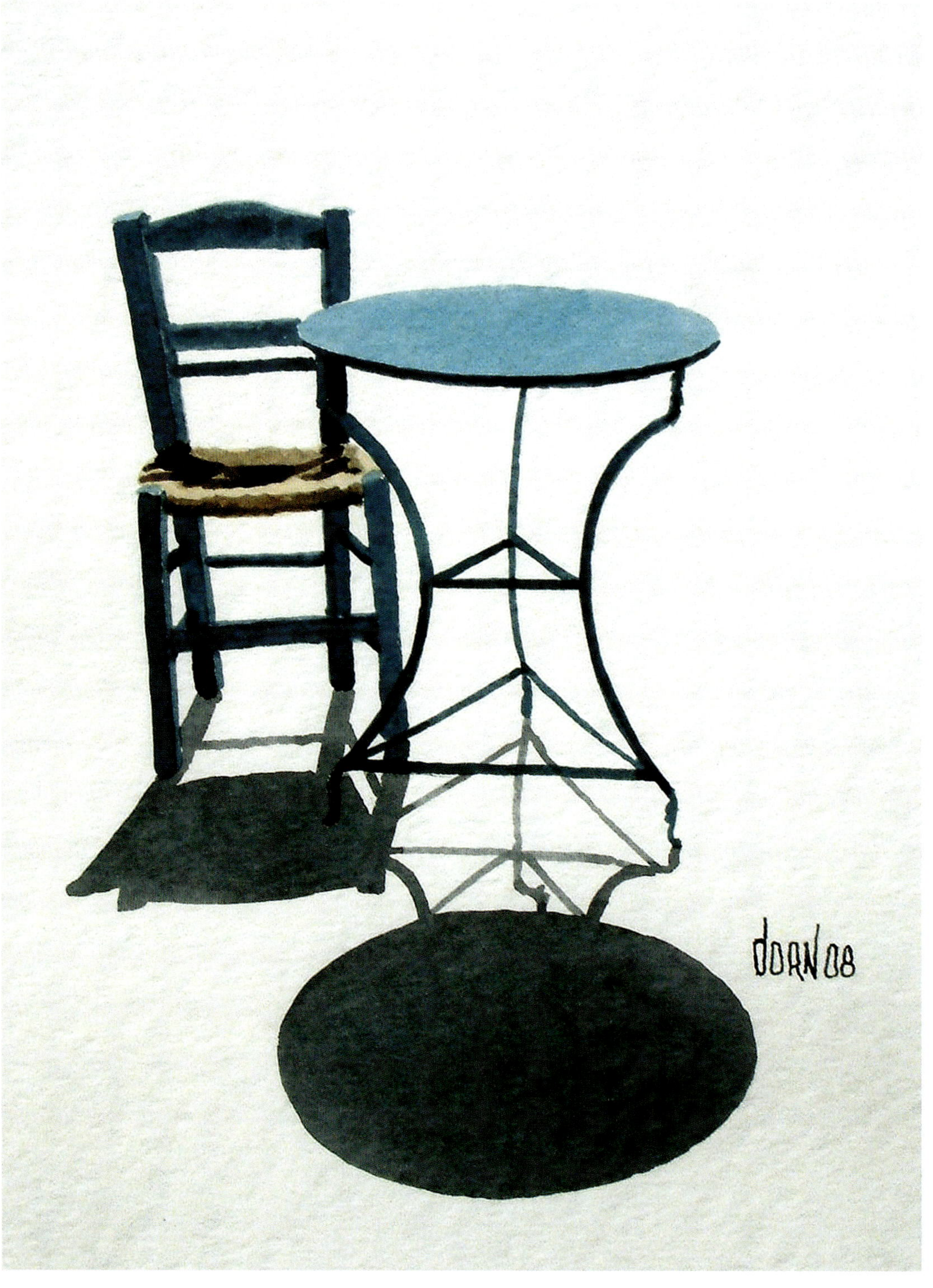
DORN 08

Erwartung

Auf den ersten Blick gleicht dieses Bild dem mit dem Titel „Einsamkeit“. Und gerade hier kann man sehen, dass es im Ausdruck sozialer Beziehungen oft auf Nuancen ankommt: Der Einsame hat sich schräg gestellt, ins Abseits geschoben und äußert so sein Misstrauen in Bezug auf eventuelle Gesellschaft. Ganz anders derjenige, der auch allein am Tischchen sitzt, aber jemanden erwartet. Offen und gerade auf- und ausgerichtet hält er Ausschau, gleichsam die ausgebreiteten Arme zum Ausdruck bringend, mit denen er den/die Erwartete(n) empfangen will.

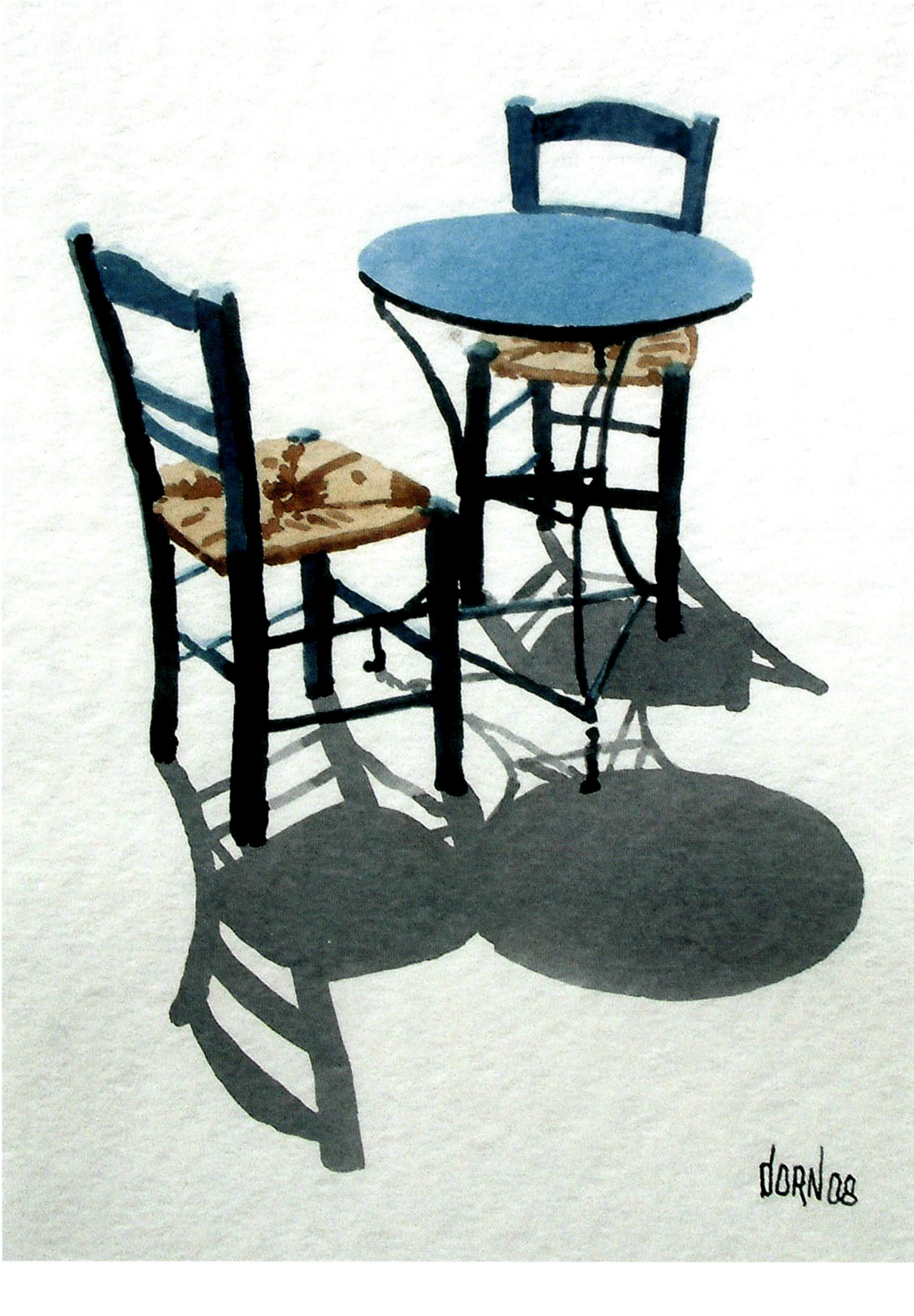
dorNos

Annäherung

Ein Stuhl hinter einem Tischchen, sie bilden eine dichte Einheit. Ein zweiter Stuhl hat sich heran geschoben, offen und freundlich bietet er sich dar: Er hat sich „dazu gesetzt“, Kontakt aufgenommen und wartet nun der Dinge, die sich entwickeln. Auch der andere Stuhl, so wie er hinter der Tischplatte hervor ragt, signalisiert Bereitschaft zur Öffnung. Die Tischplatte, rund und frei, wird das Forum der Begegnung für beide bilden, noch ein wenig Raum für den noch nicht ganz überwundenen Abstand lassend. Aber für Hände und Gesten, für tastende Worte und schließlich für das Gespräch bietet sich eine geeignete Plattform.

Sympathie

Man sieht, wie sie sich freuen, ja Glück strahlen sie aus. Sie stürzen auf einander zu, begrüßen und umarmen sich innig. Ob spontane Zuneigung oder ob sie sich schon lange herzlich zugetan sind – beides ist möglich. Um den kleinen Tisch in ihrer Mitte, der sie auf einander konzentriert, haben sie die Welt ringsum ausgeschlossen. Im intensiven Gespräch, in Übereinstimmung und in gegenseitiger Vertiefung sind sie einer beim anderen, hören einander zu und tauschen sich aus.

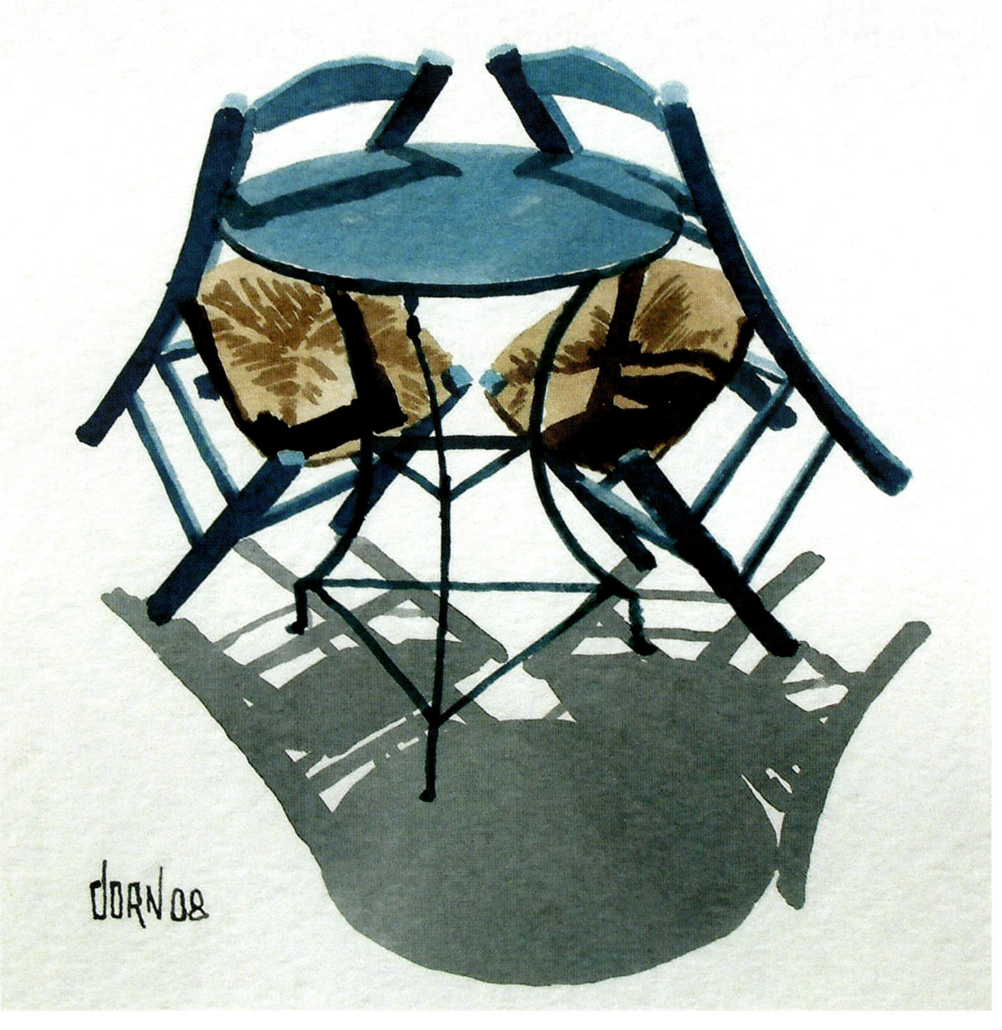

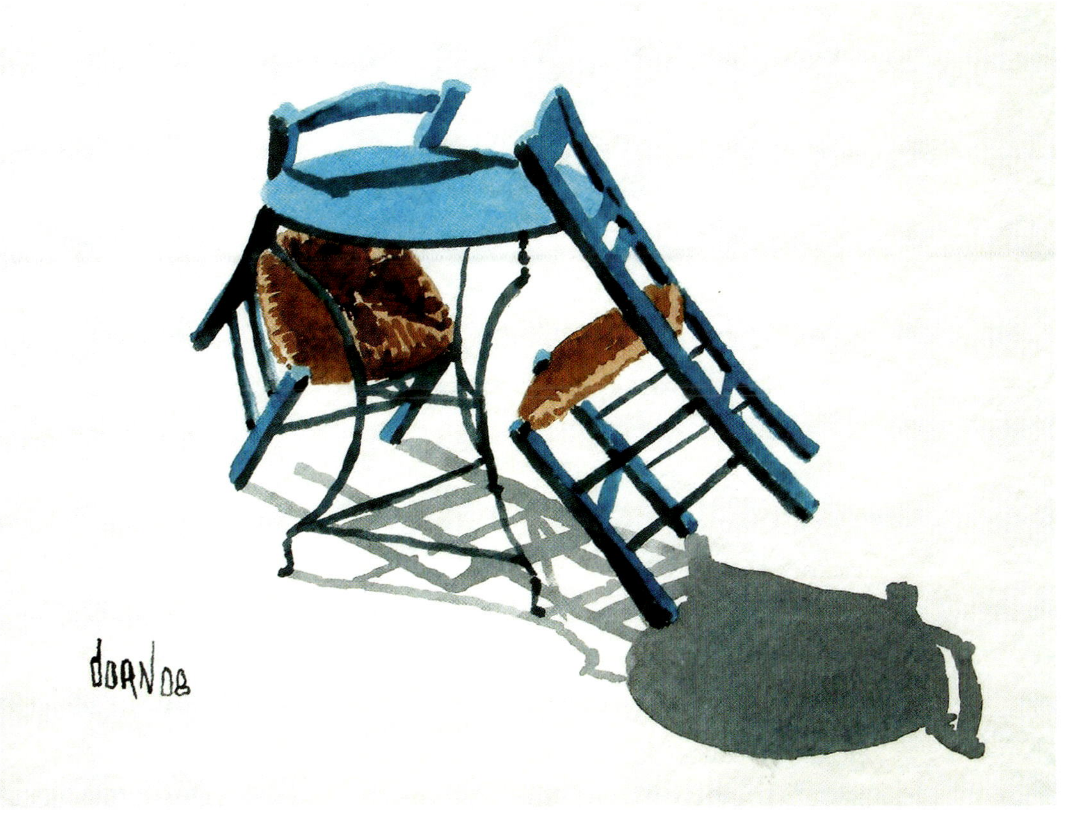

Zuneigung

Wieder erinnert uns eine Bildszene an eine vorhergehende: „Zuneigung" ähnelt der „Sympathie". Aber wie durchdacht ist hier der kleine, entscheidende Unterschied in der Bedeutung dargestellt. Sie „neigen" sich wirklich, im Sinne des Wortes, über das Tischchen hin, einander „zu". Sie saßen einander gegenüber, und plötzlich geschah etwas mit ihnen – beim Gespräch, beim Augenkontakt – das sie einander entgegen, fast in die Arme trieb … Die Bildszene „Sympathie" lässt sie ebenfalls über das Tischchen hinweg zu einander kippen, doch dort wird im Nebeneinander das Mit-Einander, das griechische „sympathion", das „gemeinsame Empfinden" betont, nicht die Spontaneität des Zu-Einander-Hin-Gezogen-Seins.

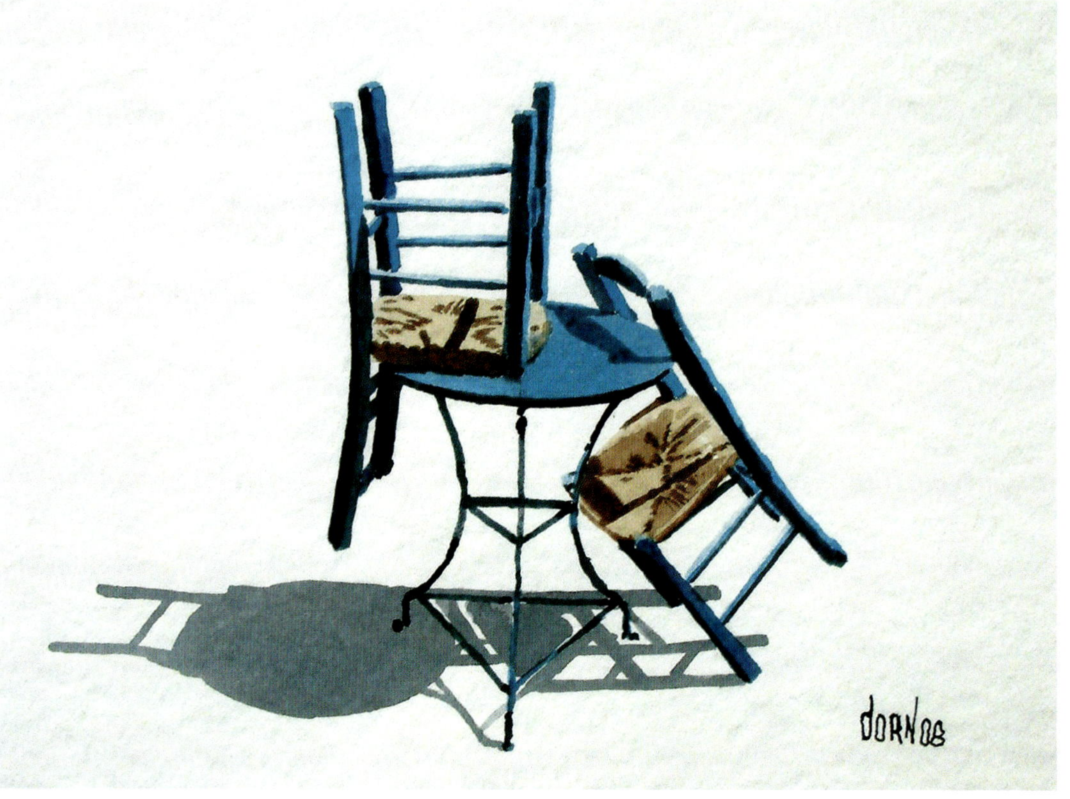

Bewunderung

Der eine ist erhöht, der andere fast in die Knie gesunken, eine nicht sehr sympathische Szene. Bewunderung ist keine nur positive Reaktion auf einen anderen, sondern allzu oft eine vorübergehende, in sich wankelmütige Haltung. Mag sich der Bewunderte noch zu sehr himmelwärts recken, der Verehrer noch so sehr in Anbetung versinken: Stürzt der Stuhl, dann ist es vorbei.

Erregung

Einer der Stühle hat sich kopfüber hinein gestürzt. Er hatte keine Geduld. Der andere ist offen, abwartend und auch überlegen. Sicher hinter der Schranke des Tischchens kann er bereit sein – oder auch nicht.

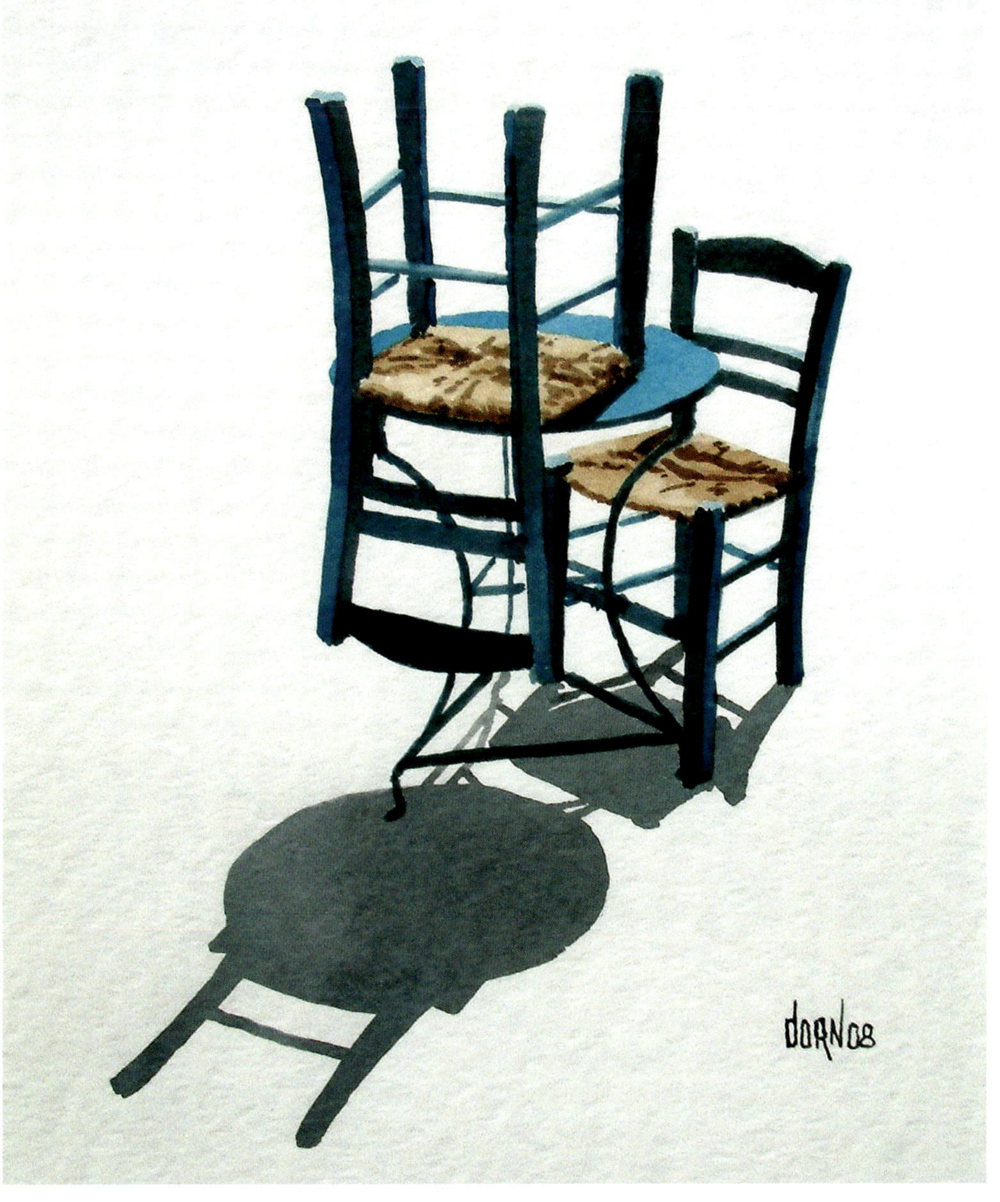

Leidenschaft

Das Tischchen spielt keine Rolle mehr, die Umgebung ist ausgeblendet. Nur noch nach dem Mit-Einander und Über-Einander steht der Sinn. In engster Verbindung, im Oben und Unten, verschränkt und verklammert, genügen sie sich selbst. Auf einander abgestimmt, im gegenseitigen Einklang und zugleich heftig und ungestüm, sind sie leidenschaftlich auf der Suche: Auf die endgültige Verschmelzung verweist der Schatten …

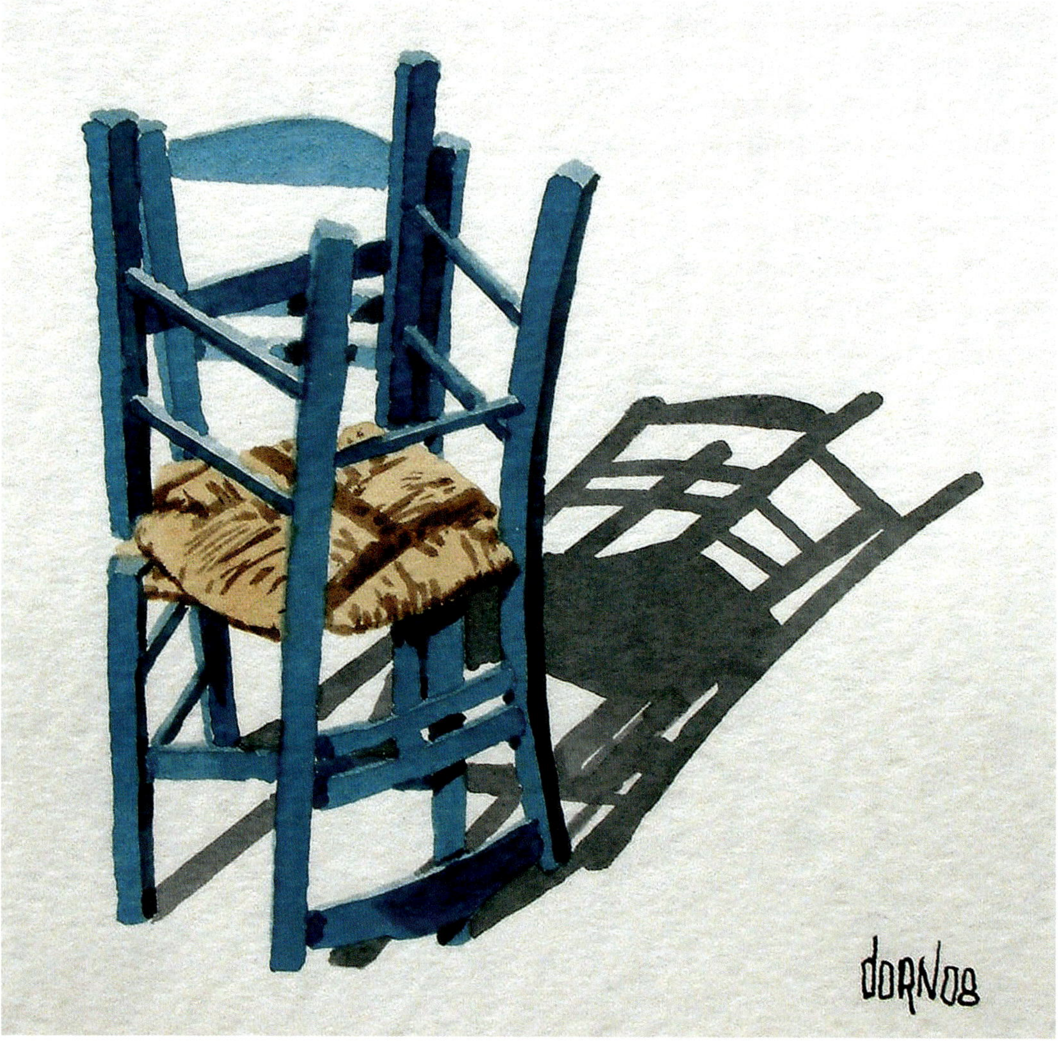

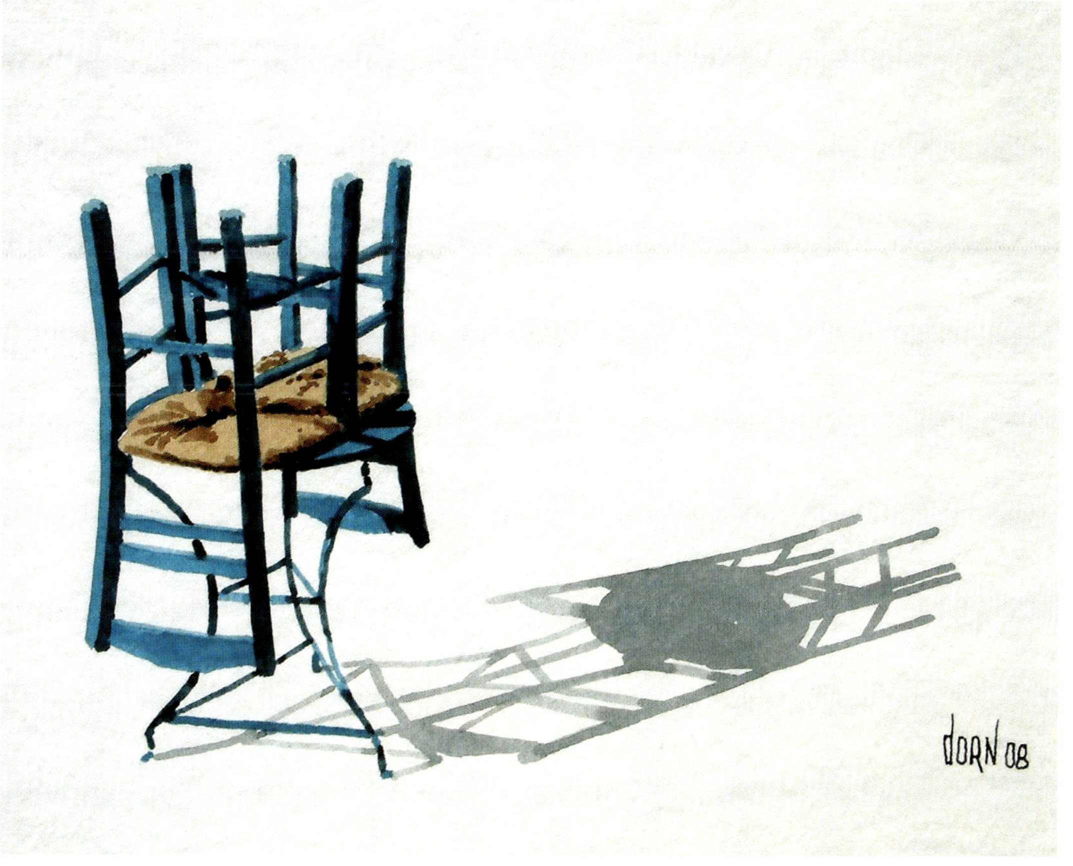

Lust

Leidenschaft und Lust gehören zusammen, sind jedoch nicht dasselbe. Das eine beinhaltet Eroberung und Hingabe, das andere ein gemeinsames Sich-Erforschen und -Entdecken …
Nun ist das Tischchen auch dabei und wird unmittelbar in die Szene einbezogen. Die beiden sind ganz bei einander, Körper an Körper berühren sie sich und bilden doch zugleich noch ein Gegenüber. Sie spielen ein gleichberechtigtes kongruentes Spiel, es hat Ruhe, Sanftheit und Intensität. Auch hier verweist der Schatten auf die endgültige Verschmelzung …

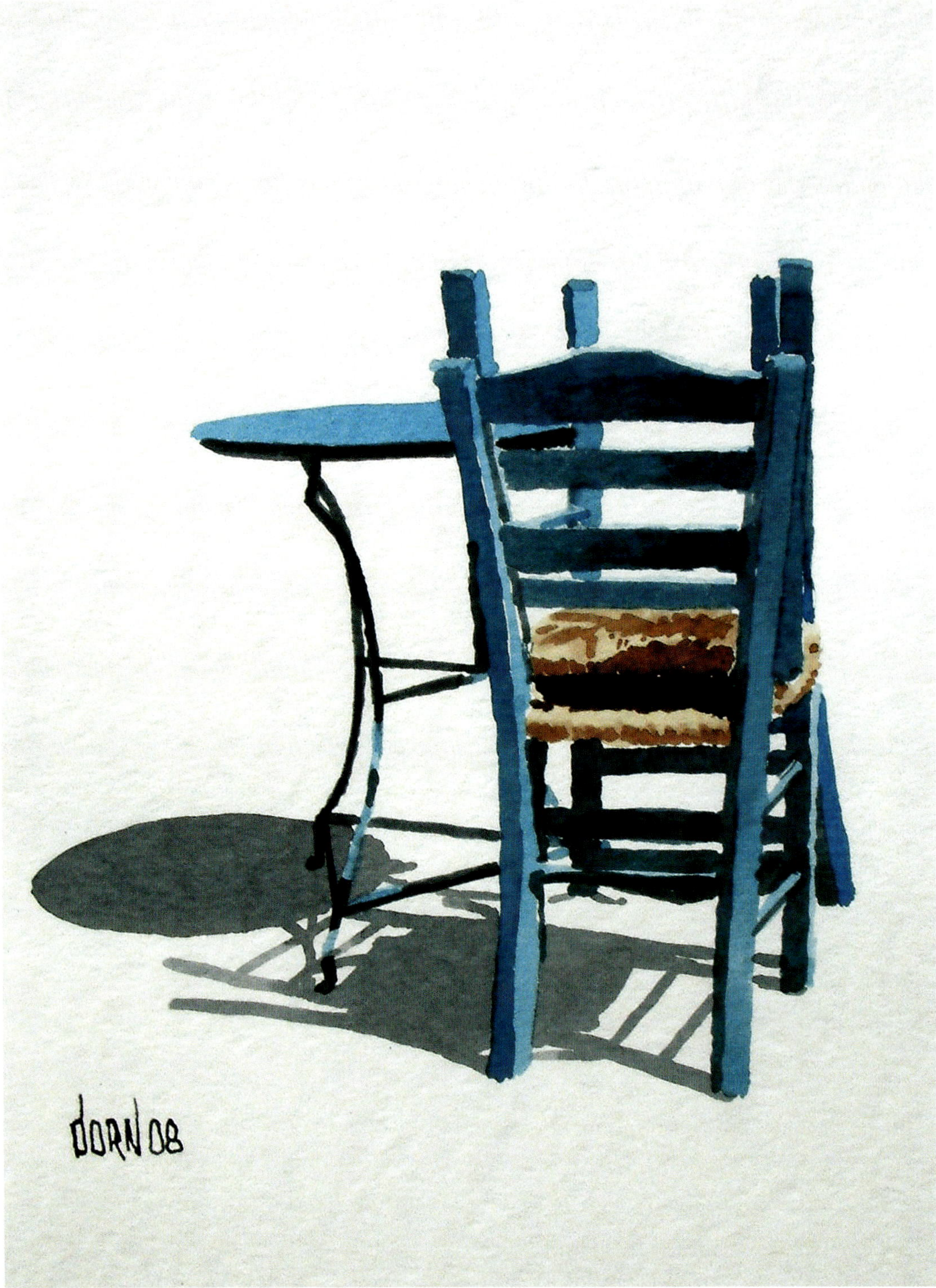
dorn 08

Verschmelzung

So weit zwei Stühle eins werden können, wird es uns hier demonstriert. Sie werden sich auch wieder aus dieser Ver-Einigung lösen. Ähnlich verhält es sich auch mit Menschen. Ihre Vereinigung im innigsten Augenblick des Liebesaktes, den die beiden Stühle hier symbolisieren wollen, wird im Idealfall von dem Paar als „Verschmelzung" empfunden, ist jedoch schnell schon vorüber. Nur chemische Verschmelzungen sind endgültig …

Die beiden Stühle fügen sich in ihrer Stellung – Sitzfläche auf Sitzfläche, Beine an Lehne – so nahtlos aneinander, wie es nur irgend geht, schmiegen sich Körper an Körper, als seien sie allein füreinander geschaffen … Mit Humor wird diese ideale Bindung jedoch wieder in Frage gestellt: Das Tischchen will offensichtlich an der Verschmelzung teilhaben und drängt sich hinein, ein Dreiecksverhältnis, das an der innigen Vereinigung Zweifel weckt …

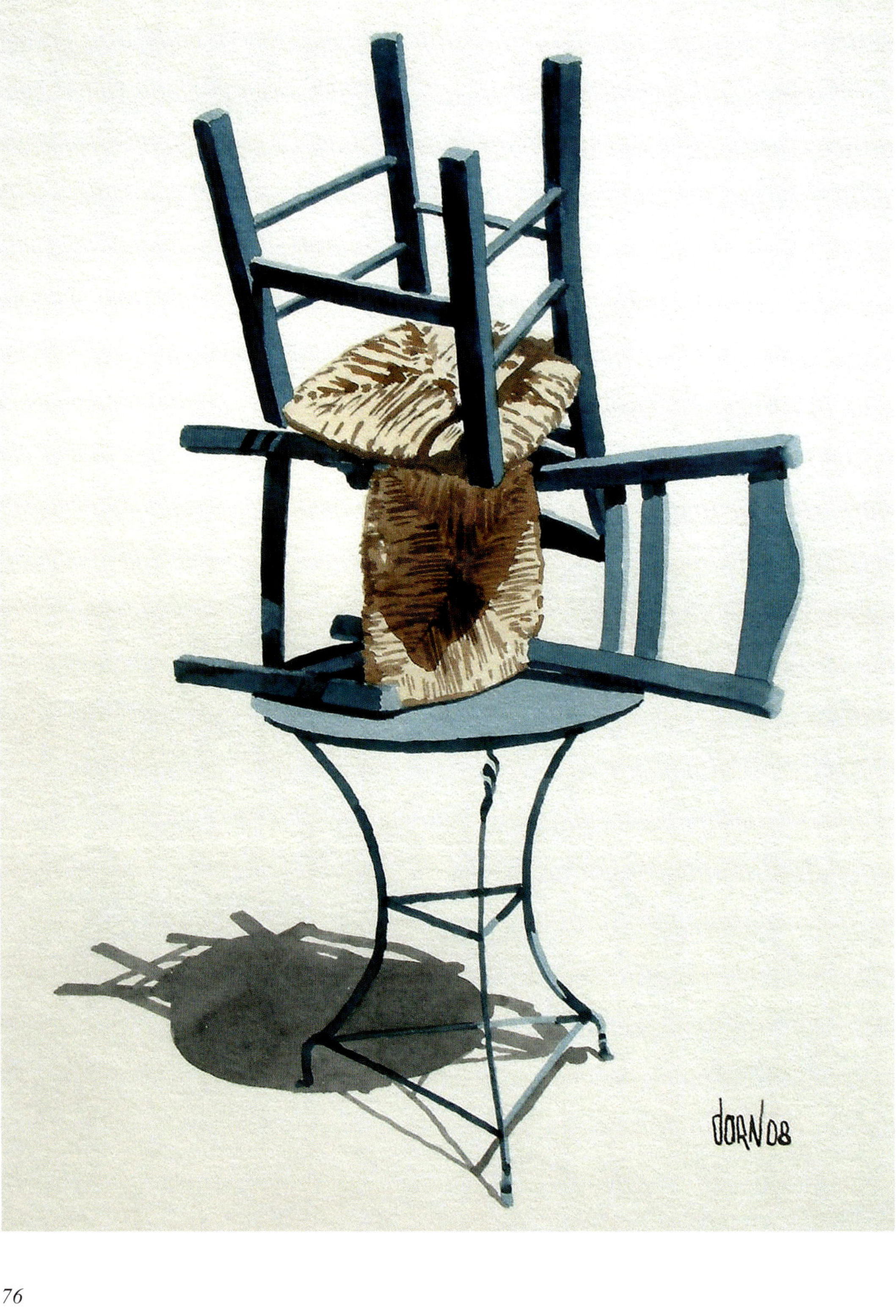
DORN 08

Ekstase

Haltlos sind sie übereinander hergefallen, in akrobatischer Verschränkung. Lange können sie sich so nicht halten. Der Absturz aus den Höhen wird kommen. Vielleicht aber auch als sanftes Auseinandergleiten …

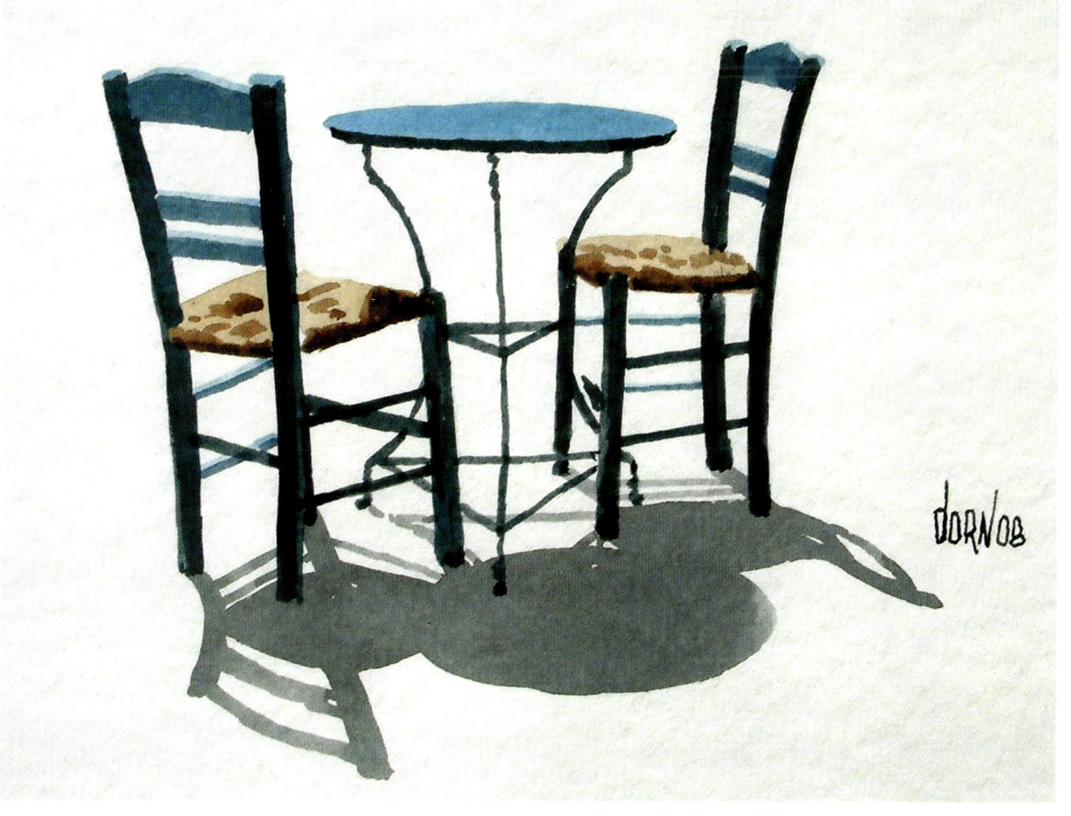

Alltag

Sie sitzen sich gegenüber wie eh und je, die Tischbeine zwischen den Stuhlbeinen, die Schatten, die sie im hellen Sonnenlicht werfen, miteinander verschmolzen. Sie sind einander vertraut, ein gewisser Abstand ist inbegriffen. Die Normalität im Umgang miteinander scheint harmonisch. Bleibt es so?

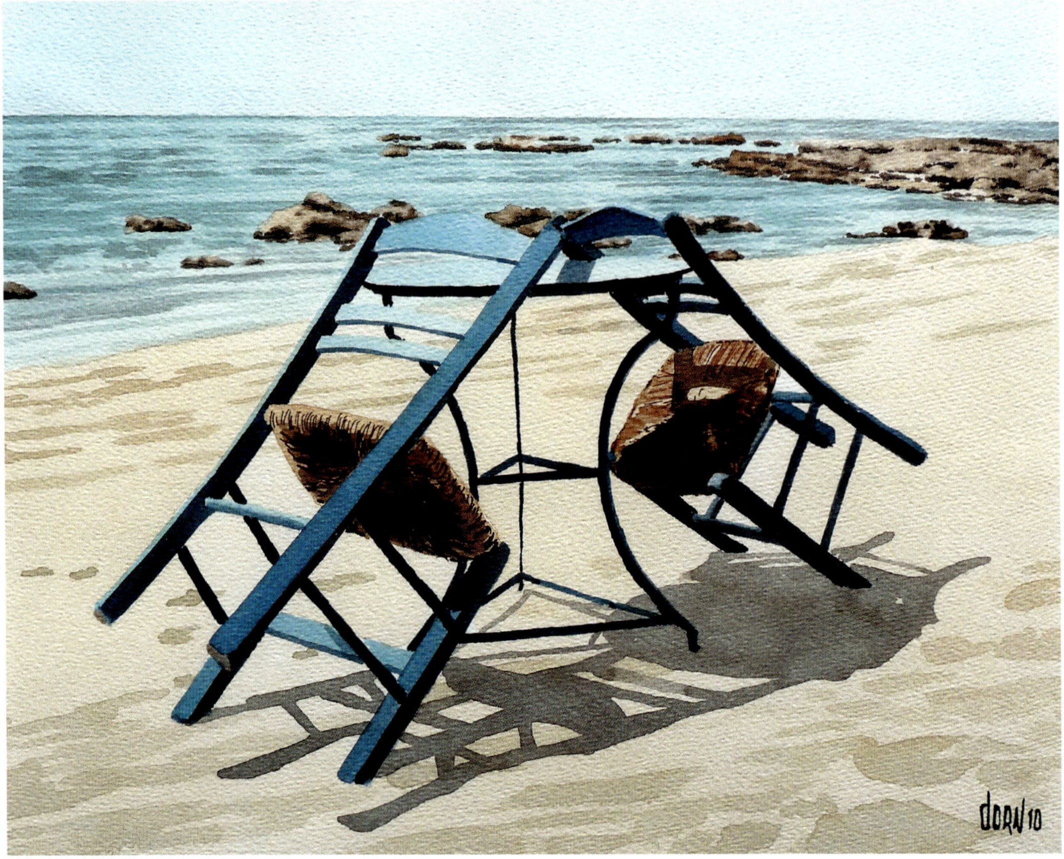

Strand-Harmonie

Dieses Aquarell ist mit den Szenen für „Zuneigung“, „Sympathie“, „Alltag“ und „Harmonie“ verwandt. Die besondere Befindlichkeit, die hier zum Ausdruck kommt, entsteht durch die klar porträtierte Landschaft, in der sich die beiden Stühle über das blaue Blechtischchen hinweg einander dicht, bis zur Berührung, zuneigen: ein scheinbar unberührtes Stück griechischer Meeresstrand, Sand, kleine Felsenriffe in der fast unbewegten blauen Wasserfläche, die an den reinen Himmel grenzt – ein Ausschnitt aus der Unendlichkeit. Die beiden, die in dieser friedvollen Weite in eng vertrauter Selbstvergessenheit beieinander sind, sind sich tief zugetan und in ihrem gemeinsamen wunschlos erfüllten Anspruch an den Augenblick eins mit der Zeitlosigkeit der Natur.

Sie und Er

Ein Stuhl ist in Griechenland selten allein, viel öfter „sitzen“ sie zu zweit einander gegenüber – als Paar. Die griechische und die deutsche Bezeichnung passen dazu: „die Karékla“ ist weiblichen, „der Stuhl“ männlichen Geschlechts. Auch deshalb lassen sie sich so schön „in Szene setzen“ …

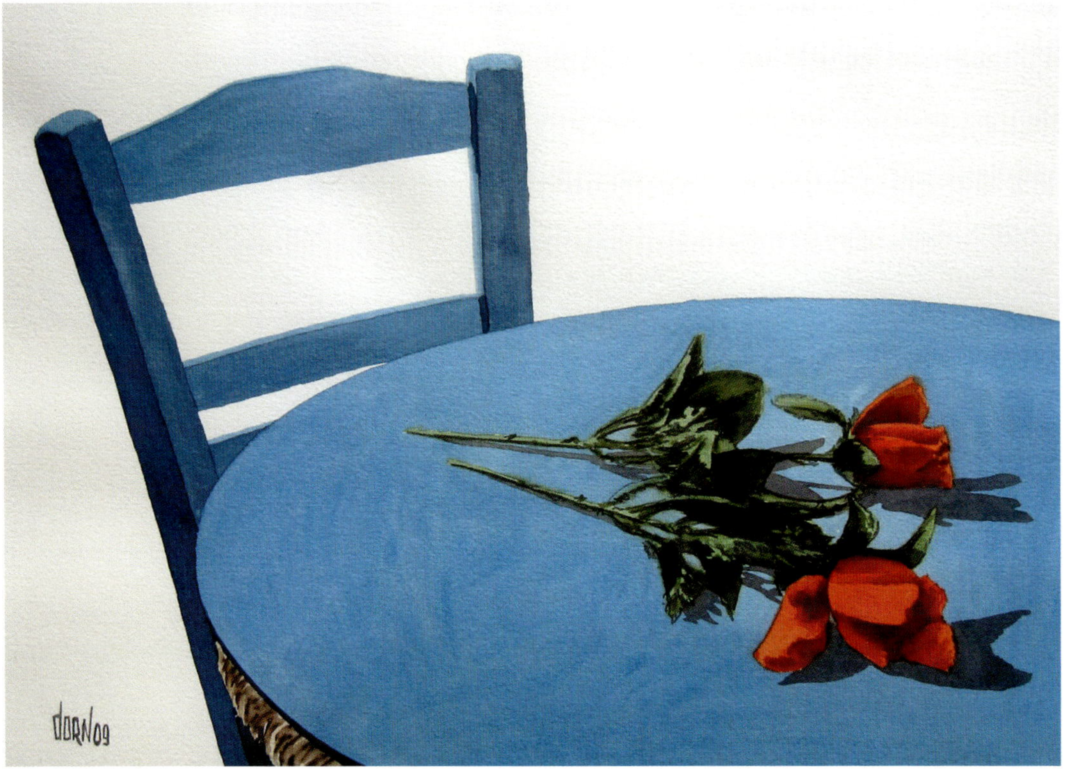

Sie

Sie kann sich nicht vom Tischchen lösen … Er hat ihr zwei rote Rosen gebracht, und nun beschäftigt er sich mit eigenen Dingen. Sie blickt auf die Blumen der Liebe und denkt nach Frauenart über ihre Beziehung nach, die wie jede Beziehung, die hält, ihre guten und ihre kritischen Phasen hat und sie weiß, dass jeder sein „eigenes Tischchen“ braucht und dass er mit Rosen vieles sagen will, was ihm mit Worten auszudrücken, schwer fällt.

Er

Er hat sich ein wenig vom Tischchen weg gedreht, denn er braucht jetzt ein bisschen Freiraum. Nun genießt er sein Bier und schaut sich dabei vielleicht die „Sportschau" an. Sie sorgt dafür, dass der Kühlschrank immer mit seinen Bierchen gefüllt ist und gewährt ihm die kleinen „Aus-Zeiten" aus der Partnerschaft, die sie beide brauchen. Nur so können sie sich auch immer wieder zusammensetzen …

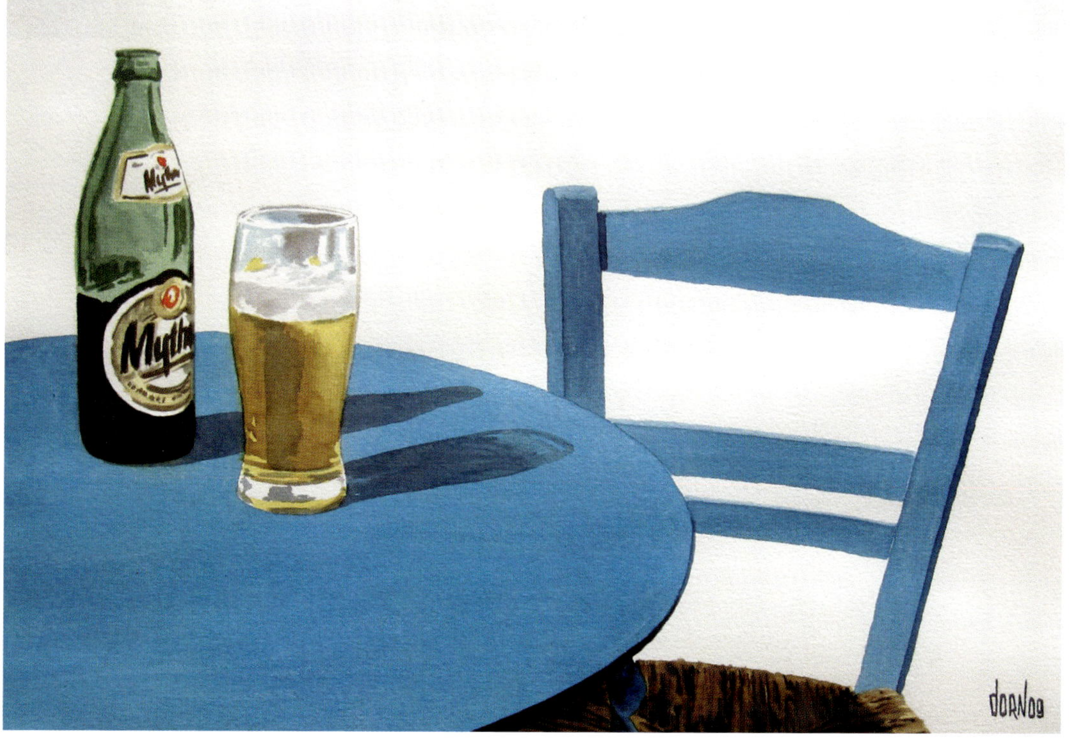

Gemeinsames Kopfstehen

Zwei Stühle sind auf eine schneeweiß gekalkte Brüstungsmauer umgestülpt worden. Vielleicht werden Hof oder Veranda gerade mit dem Wasserschlauch abgespritzt, denn es ist offensichtlich heiß. Die Stühle ruhen auf ihren aus Stroh geflochtenen Sitzmatten und recken die Beine in den hellblauen Sommerhimmel. Was für Menschen ein Ausbruch in Übermut und Ausgelassenheit bedeutete, wirkt bei Stuhlpersönlichkeiten wie ein Ausruhen: Sie dürfen mal auf ihrer eigenen Sitzfläche sitzen. Ihre Lehnen werfen auf der im grellen Sonnenlicht blendenden Brüstungswand tiefe Schatten, die sie zu verlängern scheinen, – in zwei gestreckte Silhouetten aus hölzernem Gestänge und Schattengerüst. Sie erinnern gemeinsam an die Figuren zweier Menschen im Hand- oder Kopfstand, die sich am Strand oder auf der Wiese einen freundschaftlichen Wettbewerb liefern. Und für Mensch wie Stuhl ist eine kurze vergnügliche Weile dann mal alles anders herum.

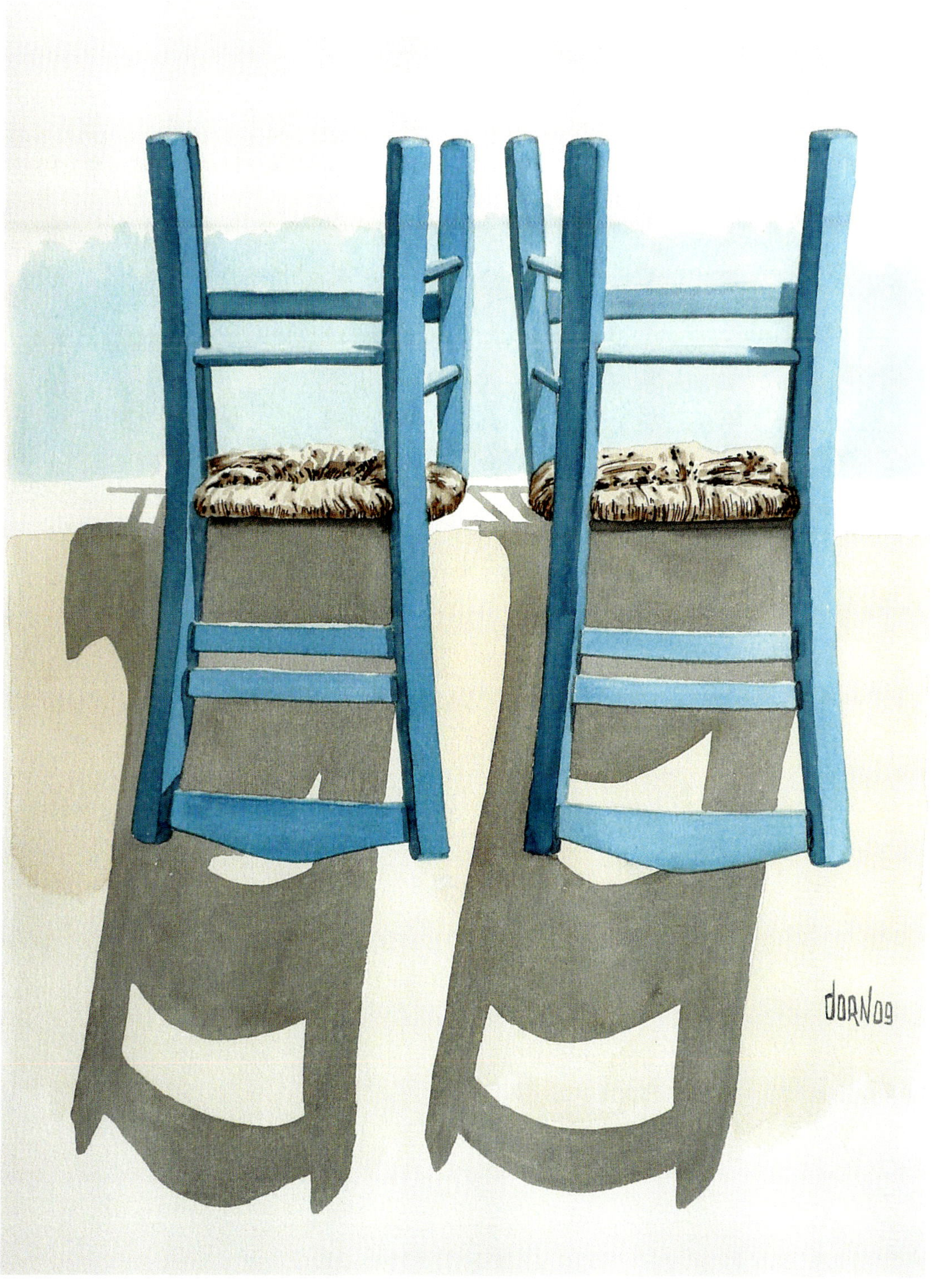
dorn09

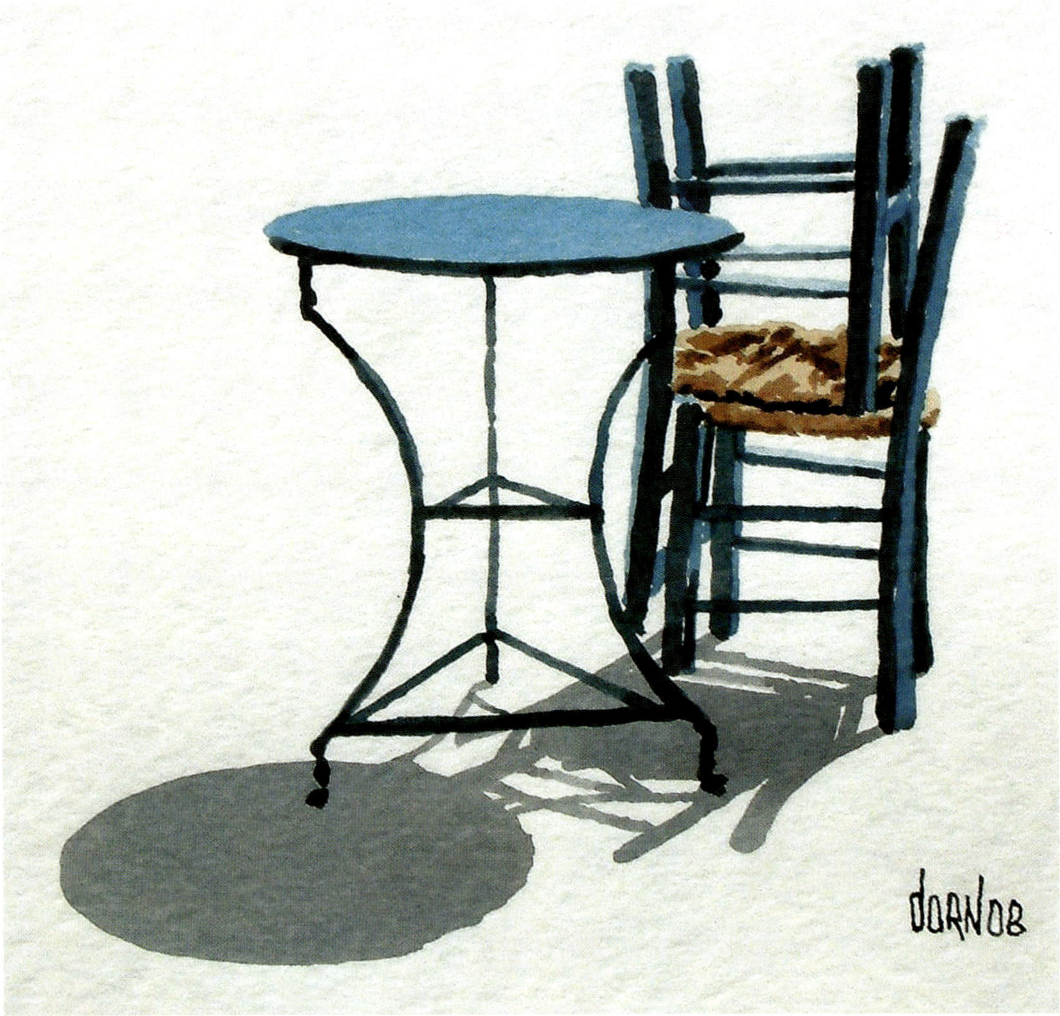

Innigkeit

Sie sind aufeinander eingestellt und ineinander vertieft. Ihre Umgebung, auch das Tischchen direkt daneben, haben sie vergessen. Sie haben sich gefunden und verbunden, schmiegen sich aneinander, und ihre Körper ergänzen sich, werden zur scheinbar unlöslichen Einheit. Aus zwei wurde eins. Auch wenn sie sich wieder voneinander trennen, kann die Vertrautheit bestehen bleiben, sofern sie im Innersten wohnt.

Harmonie

Man fühlt sich beim Betrachten dieses Bildes sofort an den Titel „Alltag“ erinnert, die Unterschiede sind gering: Zwei gleiche Stühle stehen sich an einem Blechtischchen gegenüber. Doch entscheidend für die andere Ausstrahlung ist der veränderte Winkel, in dem sie einander zugewandt sind. Sie stehen hier „auf gleicher Höhe“, und beide sind auch zum Betrachter hin geöffnet. Statt leichter Divergenzen finden wir Parallelität im Arrangement – als Zeichen einer beständigen, gleichberechtigten und gleichmäßigen Zugewandtheit.

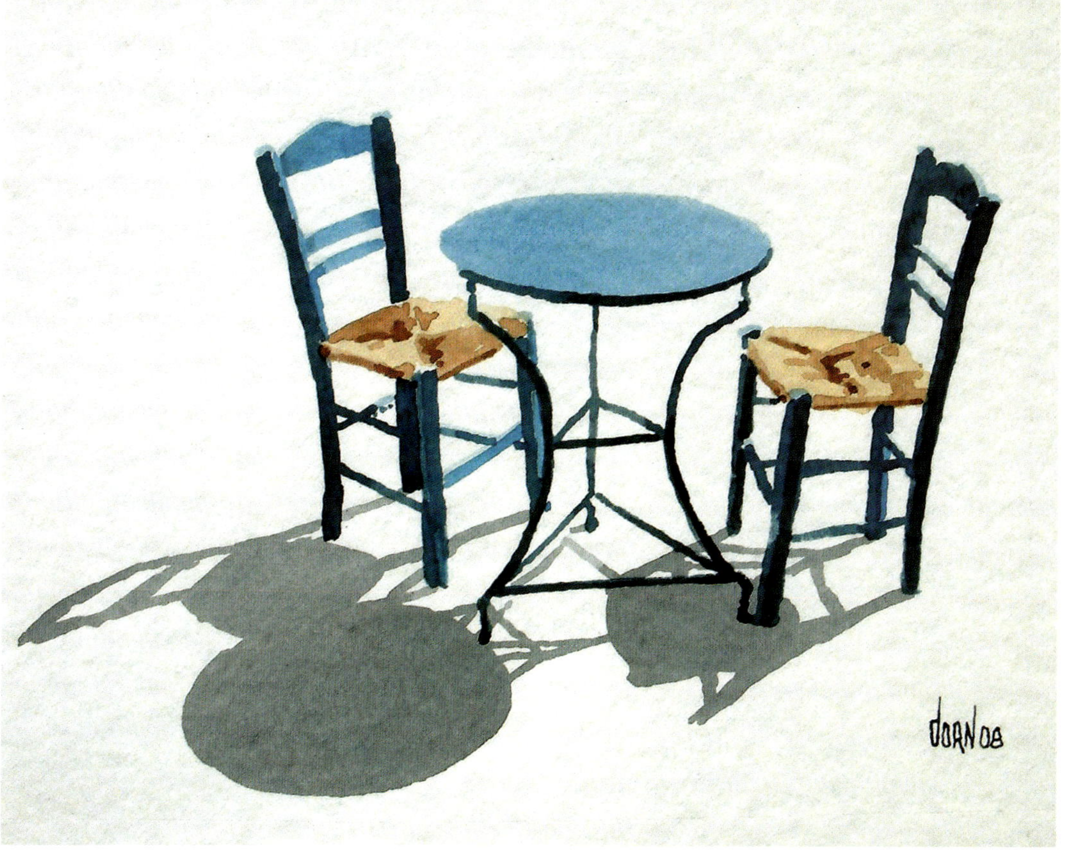

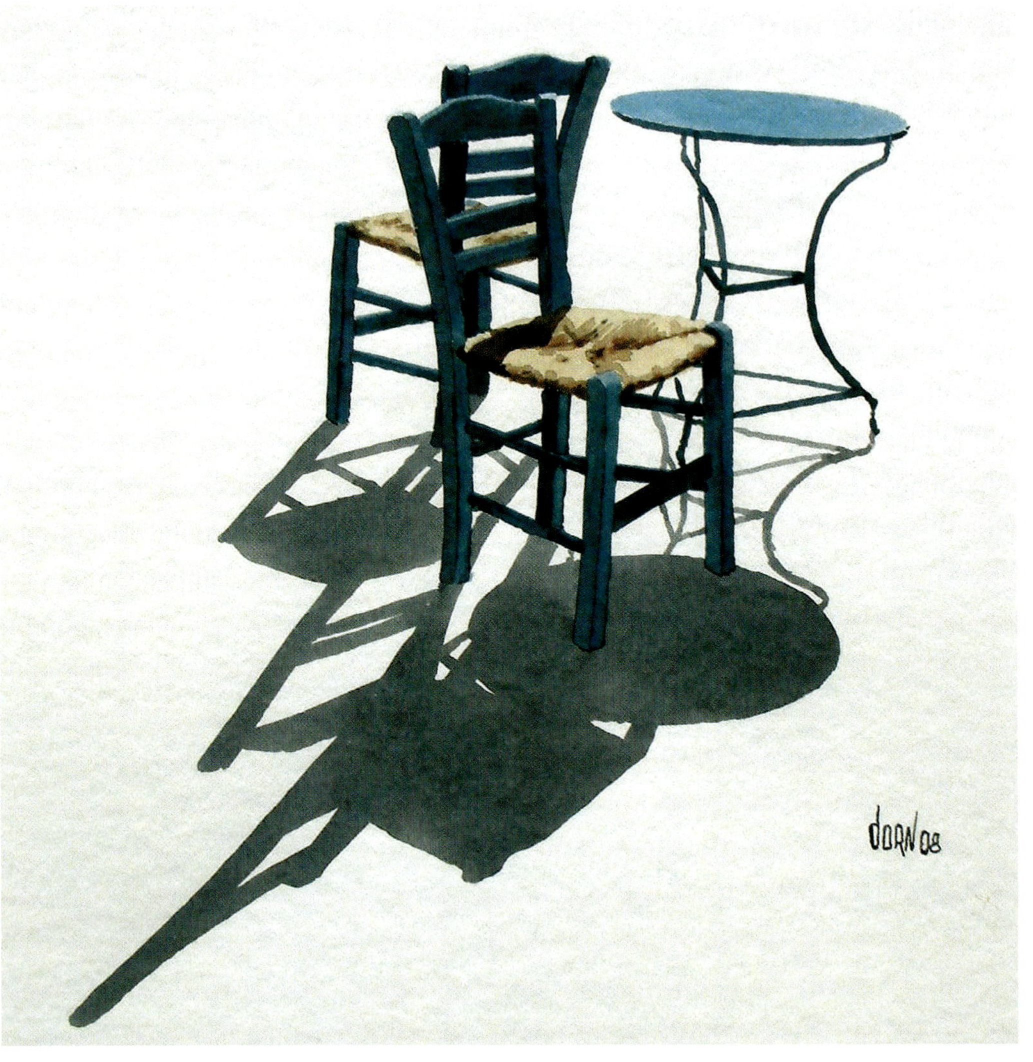

Sprachlosigkeit

Zwei Stühle stehen Rücken an Rücken. Sie haben sich von einander weg gedreht und symbolisieren Unfähigkeit zur Kommunikation. Auch das zur Seite geschobene Tischchen erscheint als Dritter im Bunde verstummt, in seiner Vermittlungsrolle funktioniert es nicht mehr. Die Schatten nehmen auf dem Bild den meisten Platz ein: ein Wirrwarr von Linien – Ratlosigkeit – drei auf sich konzentrierte Zentren – Egoismus – doch schließlich auch ein „Fingerzeig" zur Verständigung.

Uneinigkeit

Wieder ähneln sich zwei Szenen: Wie im Bild mit dem Titel „Sprachlosigkeit“ drehen sich zwei Stühle ostentativ den Rücken zu. Das ist verständlich, denn jede Auseinandersetzung kann in Sprachlosigkeit enden. Man ist einander böse und redet nicht mehr miteinander. Hier erzeugt die Unfähigkeit, sich zu einigen, zusätzlich auch noch einen deutlichen Abstand zwischen den beiden Stühlen – ein Zwiespalt ist aufgebrochen. Aber das Tischchen ist stärker in die Szene integriert – ein Hinweis darauf, dass die zwei anfangs harmonisch zusammengesessen haben. Die Kluft hat sich offensichtlich plötzlich geöffnet.

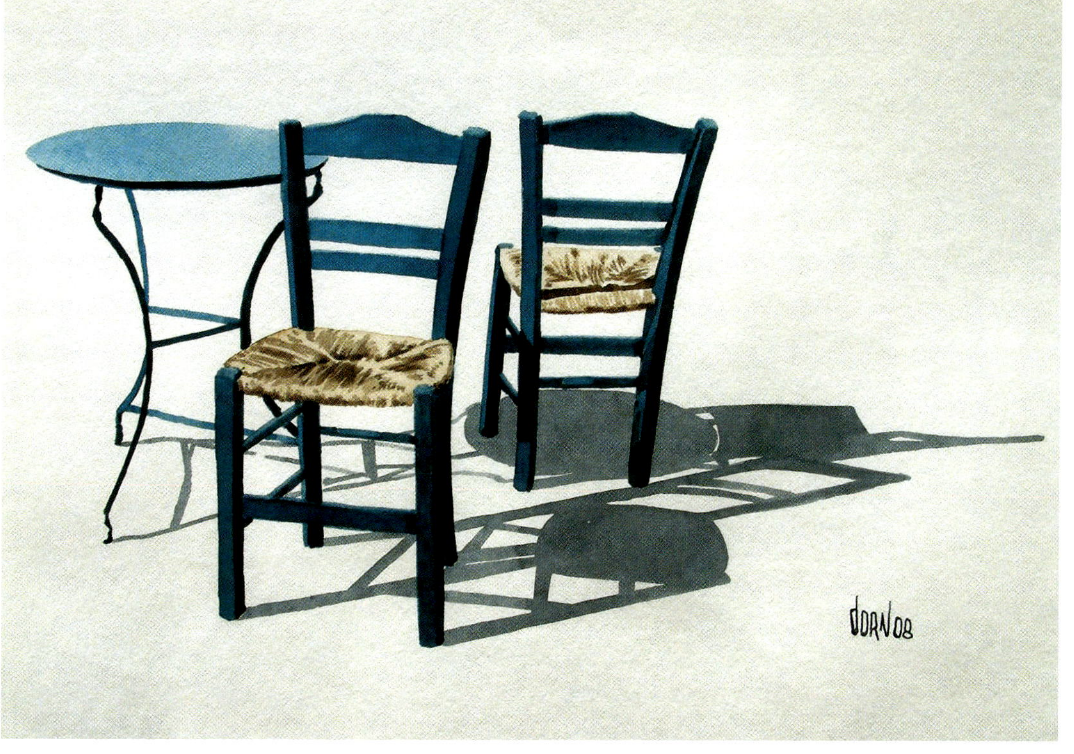

Verweigerung

Einer/eine bittet. Nur wissen wir nicht, um was. Um Zuwendung, Verständnis, Verzeihung, einen Neubeginn …? Es ist ein eindringliches, flehentliches Bitten, das der fast auf die Knie gesunkene, vom Tischchen gerade noch vor dem Sturz bewahrte rechte Stuhl zum Ausdruck bringt. Der/die andere dreht den Rücken zu, abweisend, hart und unbewegt, anscheinend unverrückbar.

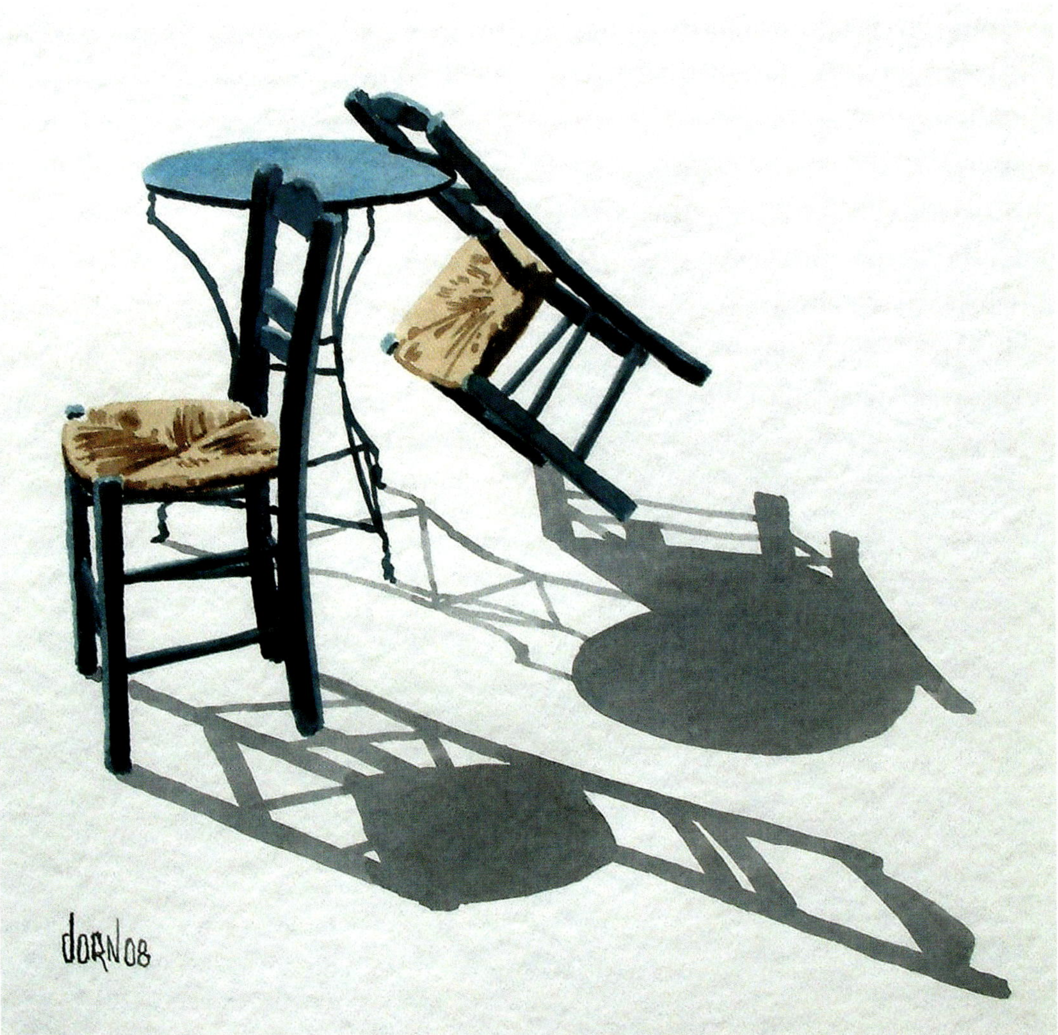

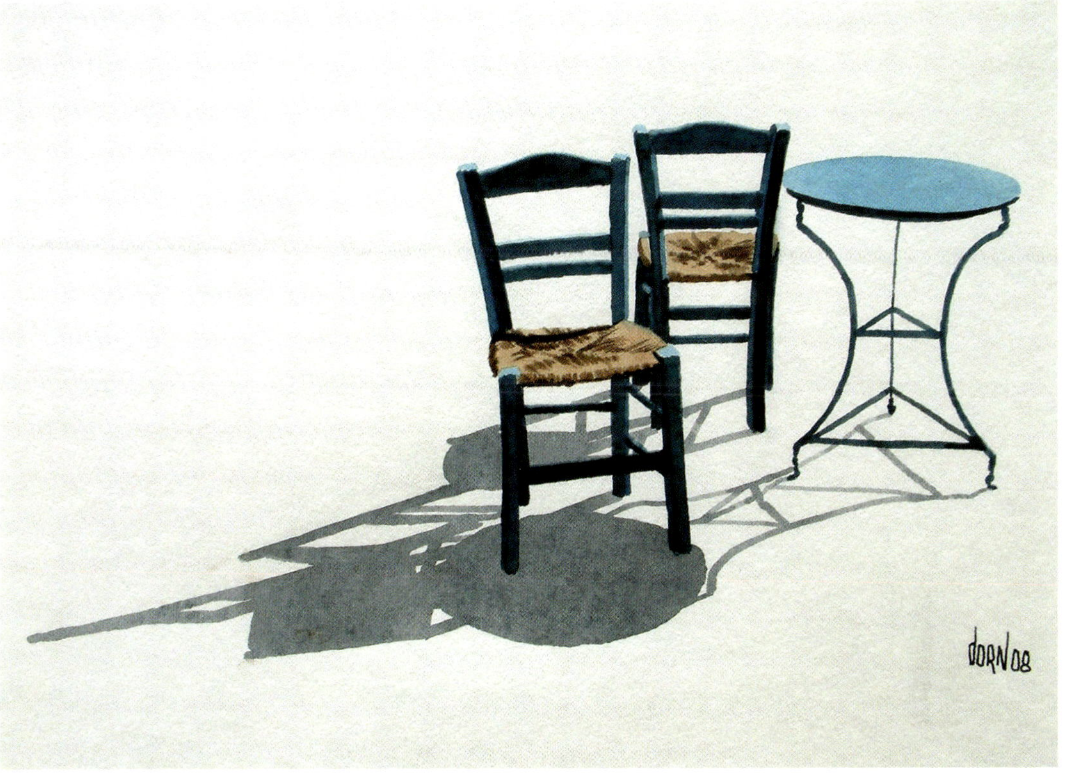

Aggression

Sie stehen Rücken an Rücken zueinander, aber etwas seitlich verschoben: Der Abstand drückt sich nicht nur durch die gegenteilige Stellung, sondern auch durch die räumliche Distanz aus. Stünden sie genau Rücken an Rücken, könnte man denken, sie gingen gleich die entscheidenden abgezählten Schritte auseinander – unmittelbar vor dem tödlichen Duell. So weit kommt es nicht, aber die Feindseligkeit ist spürbar. Die neutrale Haltung des Tischchens ändert daran nichts, auch wenn sein Schatten zu vermitteln sucht.

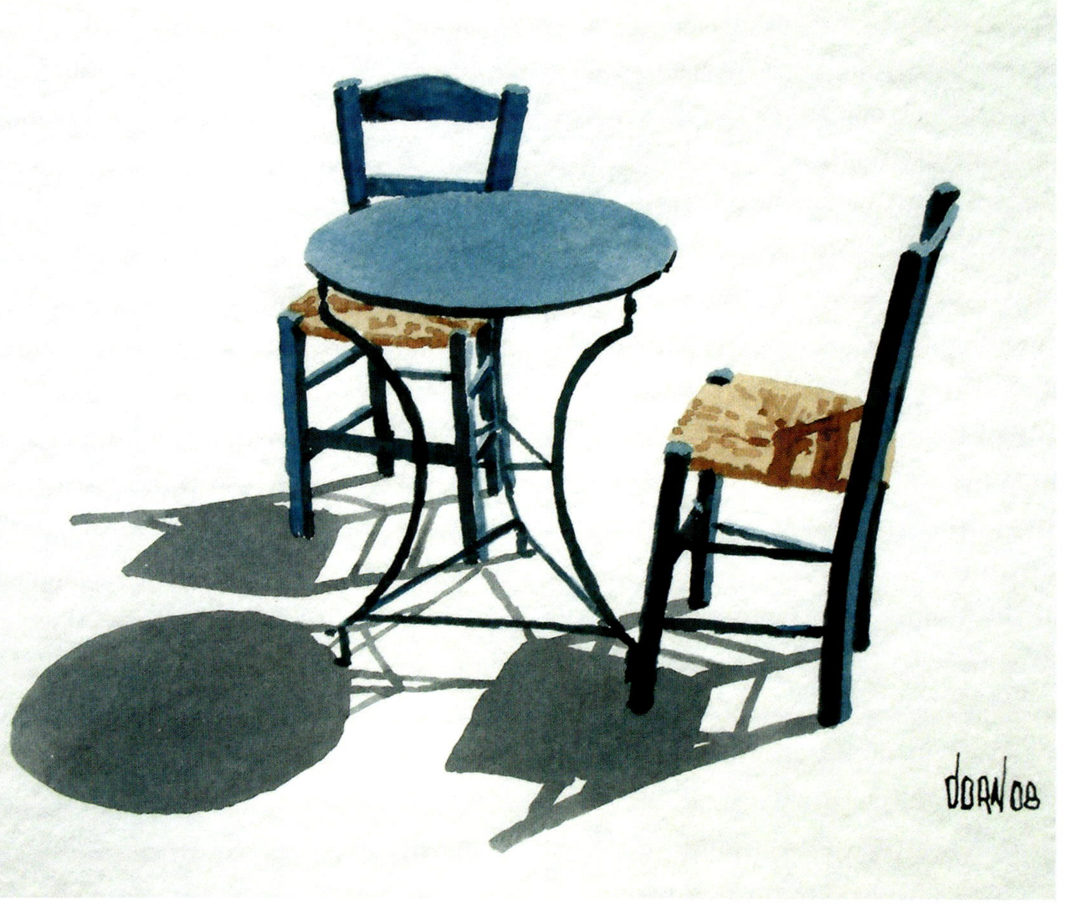

Stress

Divergenzen: zwischen Nah und Fern, Bedrängnis und Zwiespalt, Unruhe und Desorientierung, Enge und störenden Lücken. So dicht wie das Tischchen an den linken Stuhl heran geschoben ist, wird es beklemmend eng, und wie der rechte Stuhl ins Abseits geschoben ist, steht er im leeren Raum. Ein ruhiges Aussitzen der Dinge scheint schwierig – im Gegenteil: Rastlosigkeit drückt sich aus. Das sinnvolle Arrangement ist dabei, verloren zu gehen …

Überforderung

Oh – „lass mich doch in Ruh'. Ich kann nicht mehr". Man sieht es förmlich vor sich: Er/sie wirft sich hin, vergräbt den Kopf unter den Händen: „Es reicht!", totale Verweigerung. Der/die andere indes vertritt weiter den Standpunkt, die Forderung, den Anspruch, das nicht Nachvollziehbare, Unerfüllbare, Unmögliche, was so nervt … Beharrlichkeit da, Erschöpfung dort. Jeder kennt das angespannte, nicht endende Ende einer solchen Auseinandersetzung.

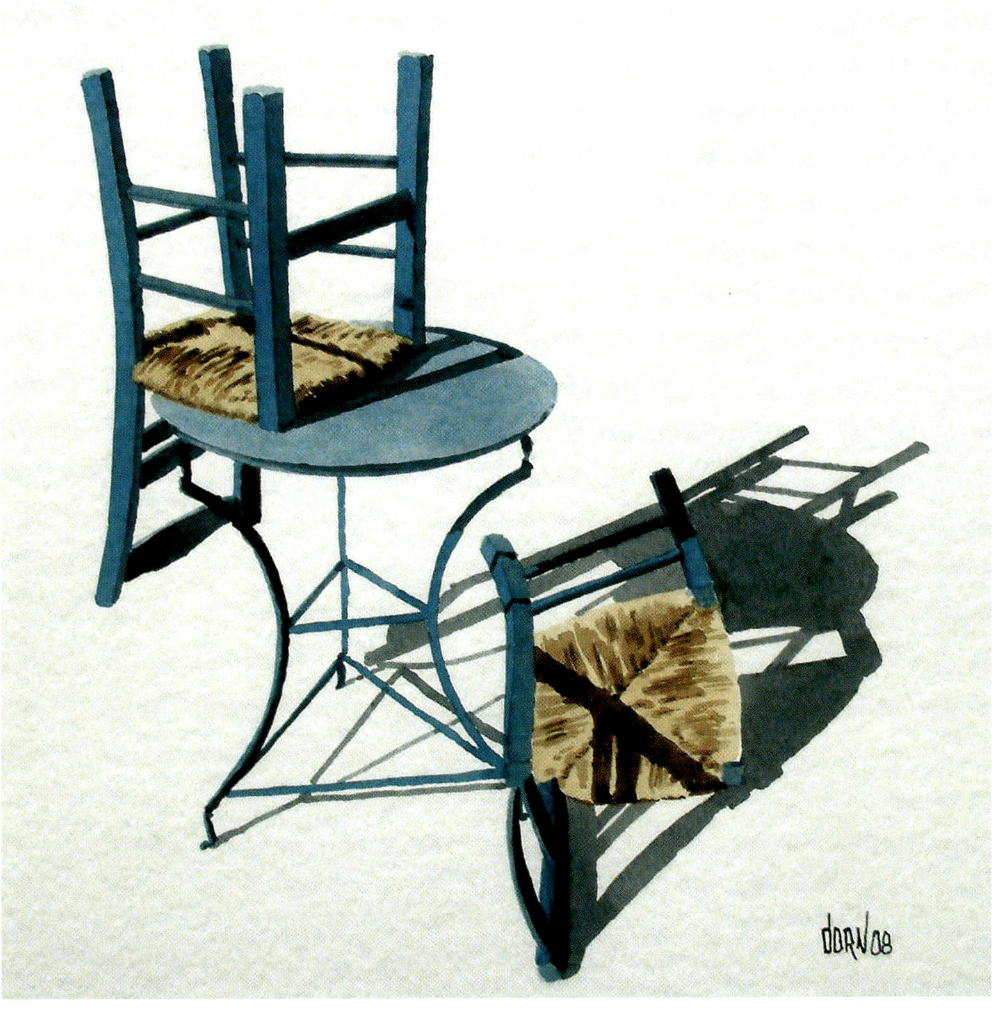

Überlegenheit

Fast dasselbe Bild wie „Überforderung", aber seitenverkehrt. Wir haben schon mehrmals festgestellt, wie viel kleine Nuancen wir für den jeweiligen Bildausdruck ausmachen können, und es ist, als habe hier der Künstler zwei verschiedene Möglichkeiten durchgespielt und dabei festgestellt, dass die zweite Version eine wesentlich negativere Bedeutung gewinnt: Überfordern kann man jemanden unwissentlich oder ungewollt, aber den „Überlegenen" herauskehren, ist ein recht böses Verhalten. Bildlich gesprochen, kniet da einer auf dem oder der anderen, der/die gedemütigt zu Boden gegangen ist. Ausschlaggebend für die unterschiedliche Deutung der fast identischen Stuhlszenen ist die Verlagerung der Schwerpunkte durch den reziproken Wechsel, wobei der Fokus des Betrachters sich jeweils auf die rechte Seite konzentriert: Im ersten Fall befindet sich der/die „Überforderte" rechts, dessen/deren Stärke in der Verweigerung liegt, im zweiten Fall dominiert rechts der hoch aufgerichtete „Überlegene" mit seiner ganzen Machtüberheblichkeit.

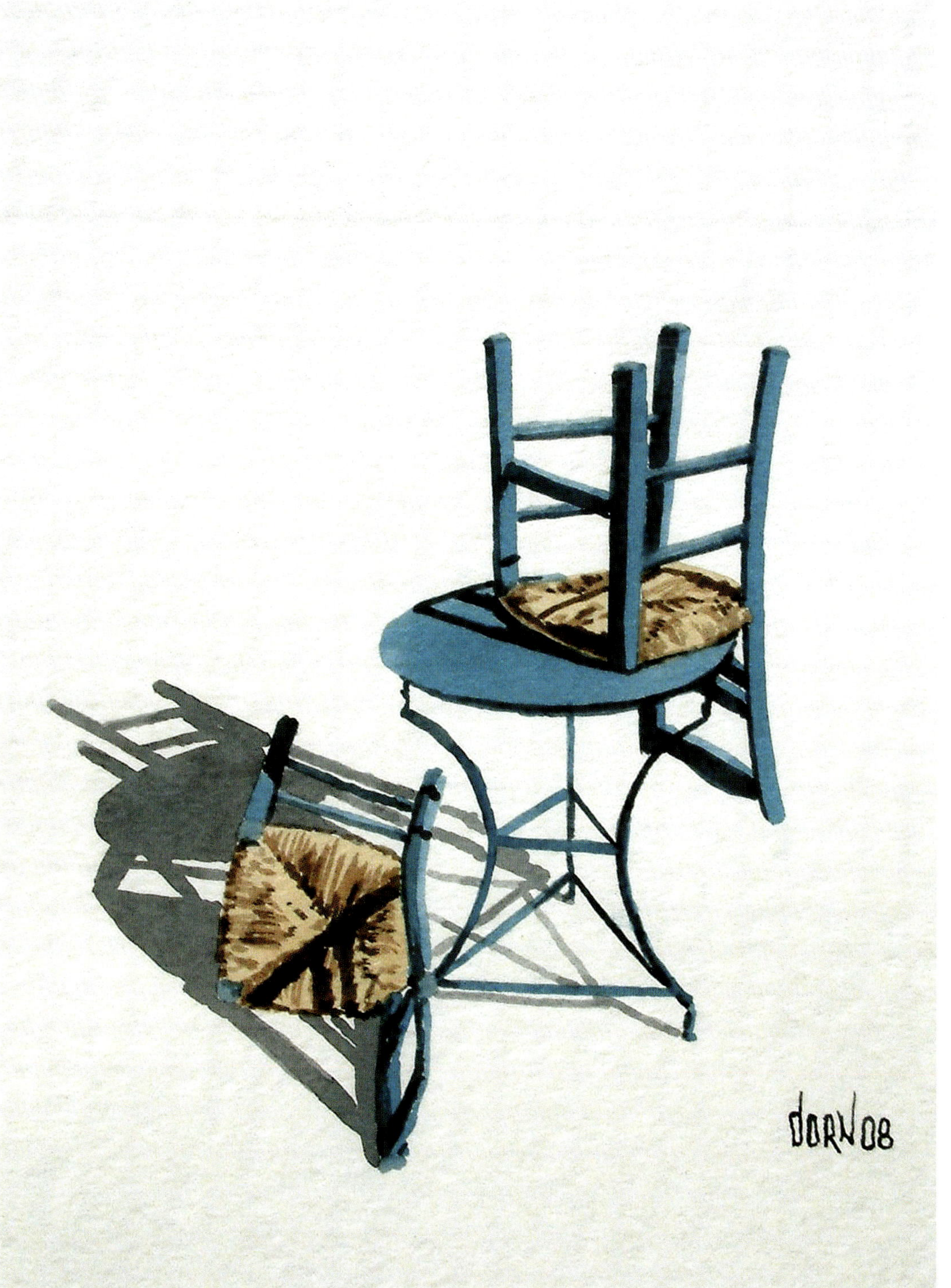
DORN 08

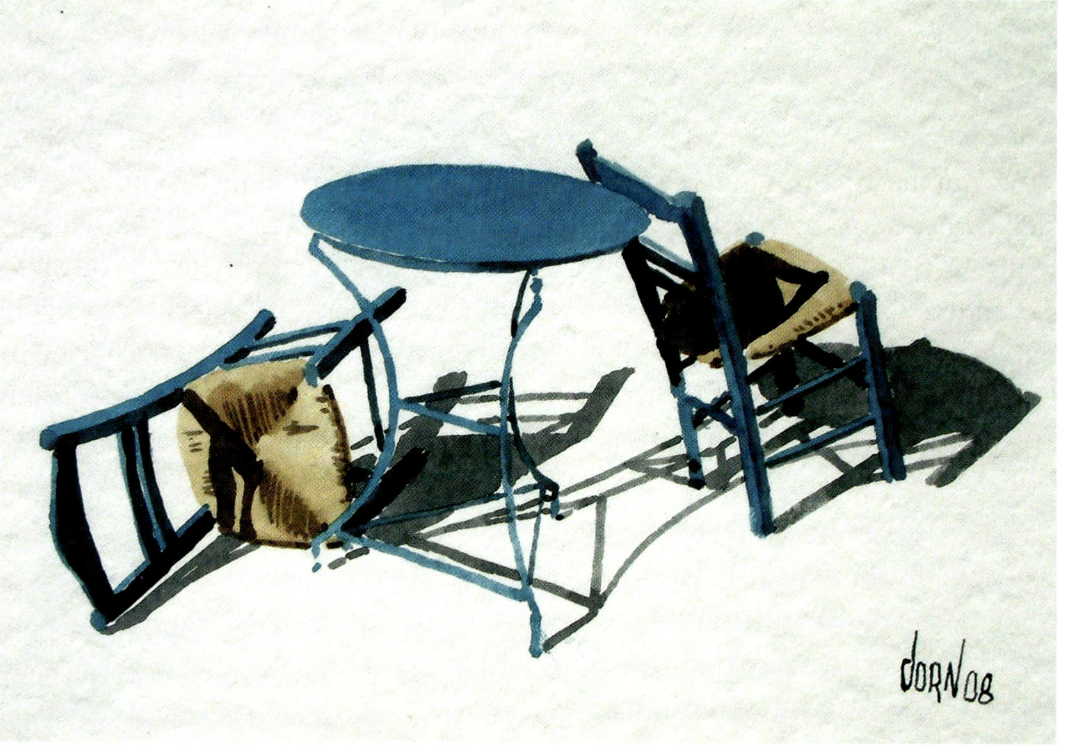

Chaos

Da hat jemand im Kafenion nicht aufgeräumt. Zwei sind vielleicht im Streit auseinander gestürmt, oder ein plötzliches Ereignis hat sie aufspringen lassen … Zurück blieb ein wenig einladendes Durcheinander. – Aber nichts, das sich nicht wieder in Ordnung bringen ließe, zumal in Griechenland, wo jedes kleinere oder größere Chaos sich an einem Meer von Gleichmut und Gelassenheit bricht. Μην ανησυχείς, όλα θα γίνουν (Kein Aufregung, es wird schon alles), sagt man bei den Hellenen. Auch steht der Tisch ja noch!

Erschöpfung

Haben sie sich gestritten? Haben sie sich leidenschaftlich geliebt oder nur heftig miteinander über ein unlösbares Problem diskutiert oder sich in gemeinsamer Arbeit völlig verausgabt? Sie können jedenfalls nicht mehr. Der eine lehnt sich abgekämpft zurück und streckt die Beine von sich, der andere ist regelrecht ausgepumpt und hat sich der Länge nach hin geworfen, er ist buchstäblich am Ende. Es wird eine Zeit lang dauern, bis sie sich wieder aufgerappelt haben. Und vielleicht brauchen sie dafür eine Stütze von außen, und jemand muss sie wieder aufrichten.

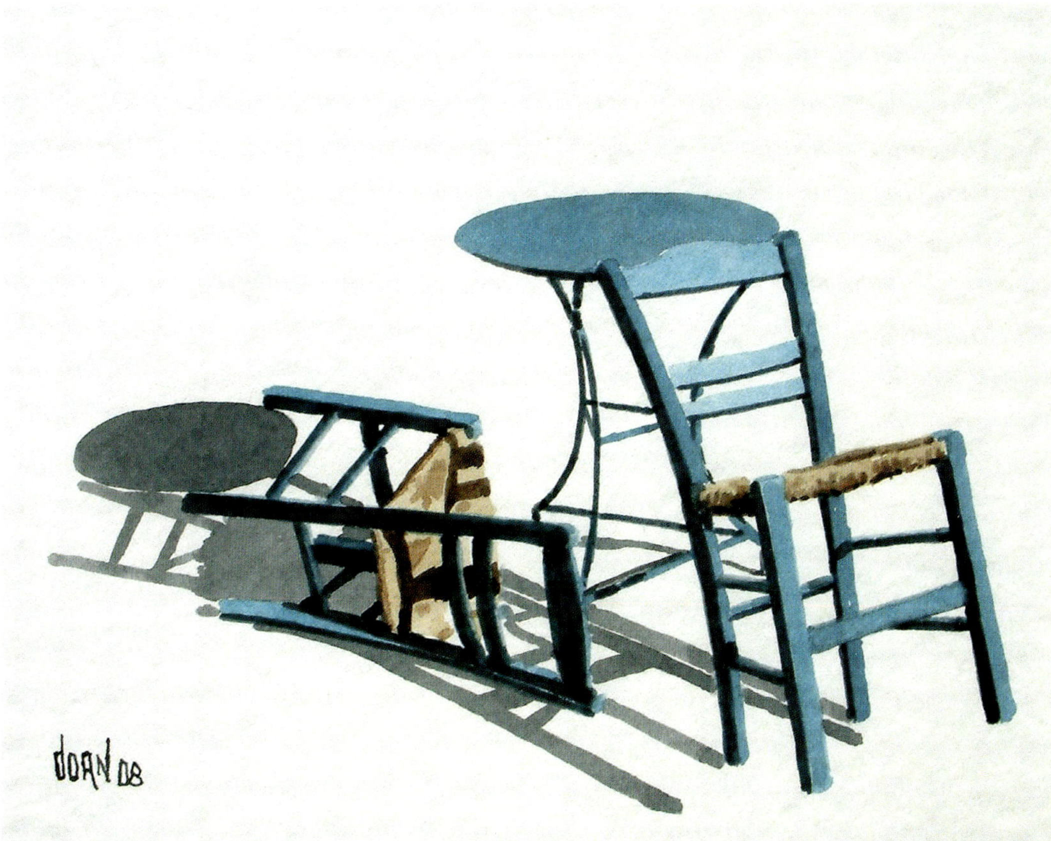

Versöhnung

Eine Gruppe von drei engen Freunden hat sich zerstritten. Sie sind, obwohl sie ein echtes Team bilden, vielleicht doch zu verschieden, und die Möglichkeit, dass sich zwei gegen einen stellen, ist bei ihrer Konstellation – zwei Stühle und ein Tisch – immer gegeben …
Nun vertragen sie sich aber wieder, bereuen den Zwist und umarmen sich heftig. Es ist geradezu rührend mit anzusehen, wie der eine den anderen umschlingt und liebkost. Der häusliche Frieden scheint wieder hergestellt zu sein.

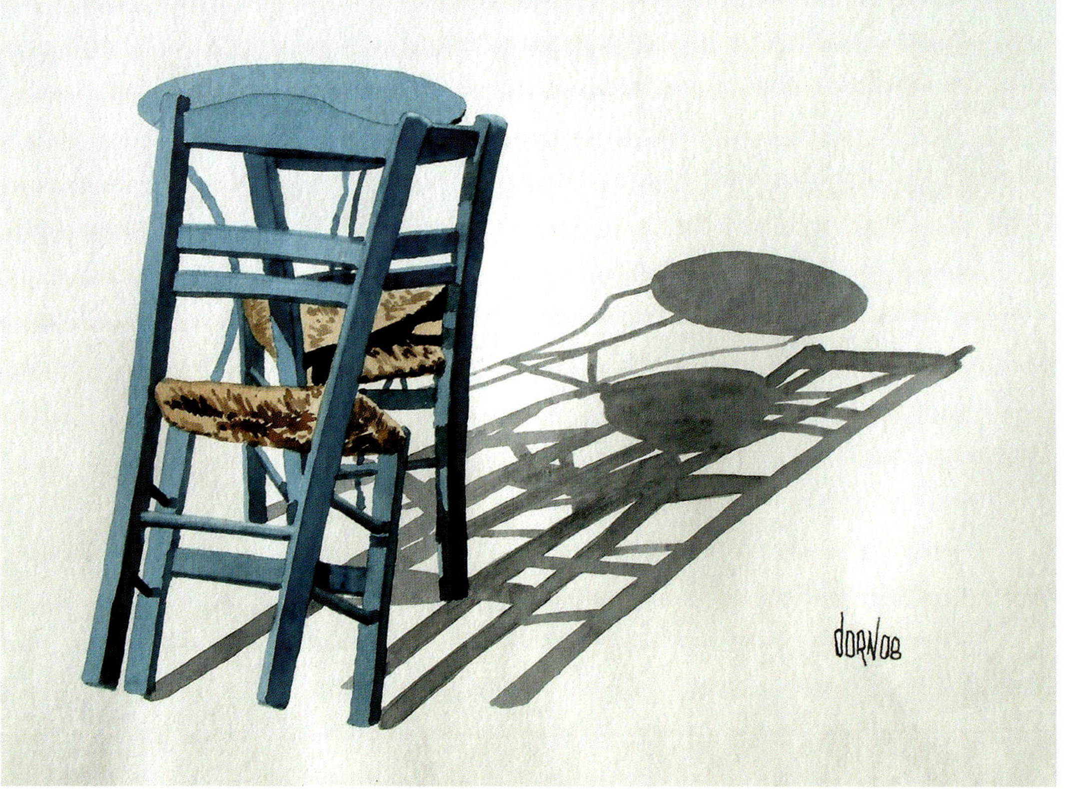

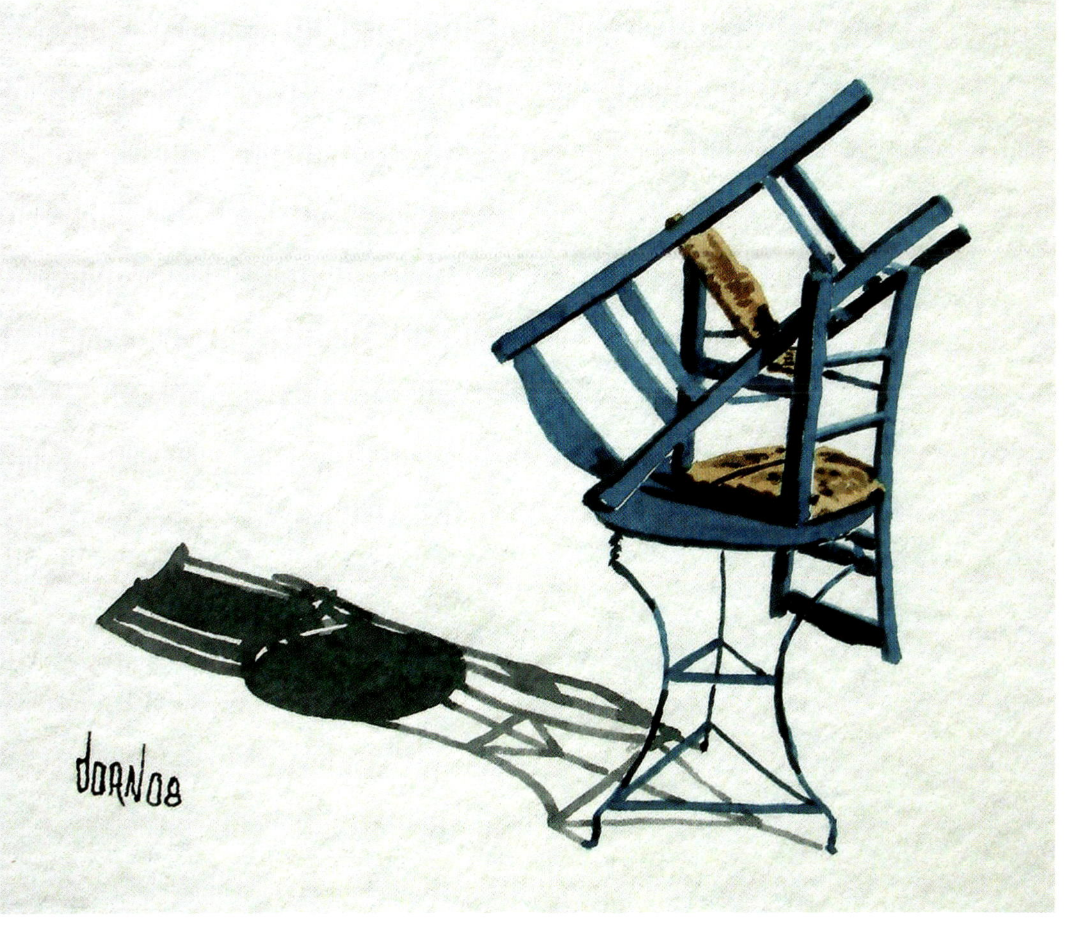

Sinnlichkeit

Sie haben sich eine merkwürdige Stellung ausgesucht. Der schräge Stuhl, kopfüber in seiner Schieflage, strahlt Übermut und Freude aus, der andere Stuhl akzeptiert dies zumindest, genießt es vielleicht … Zur Sinnlichkeit und Sinnesfreude gehören unbedingt die Phantasie und der Spaß am Experimentieren, denn Sinnlichkeit ist eher eine Eigenschaft, und die Aktion nur die Folge von ihr.

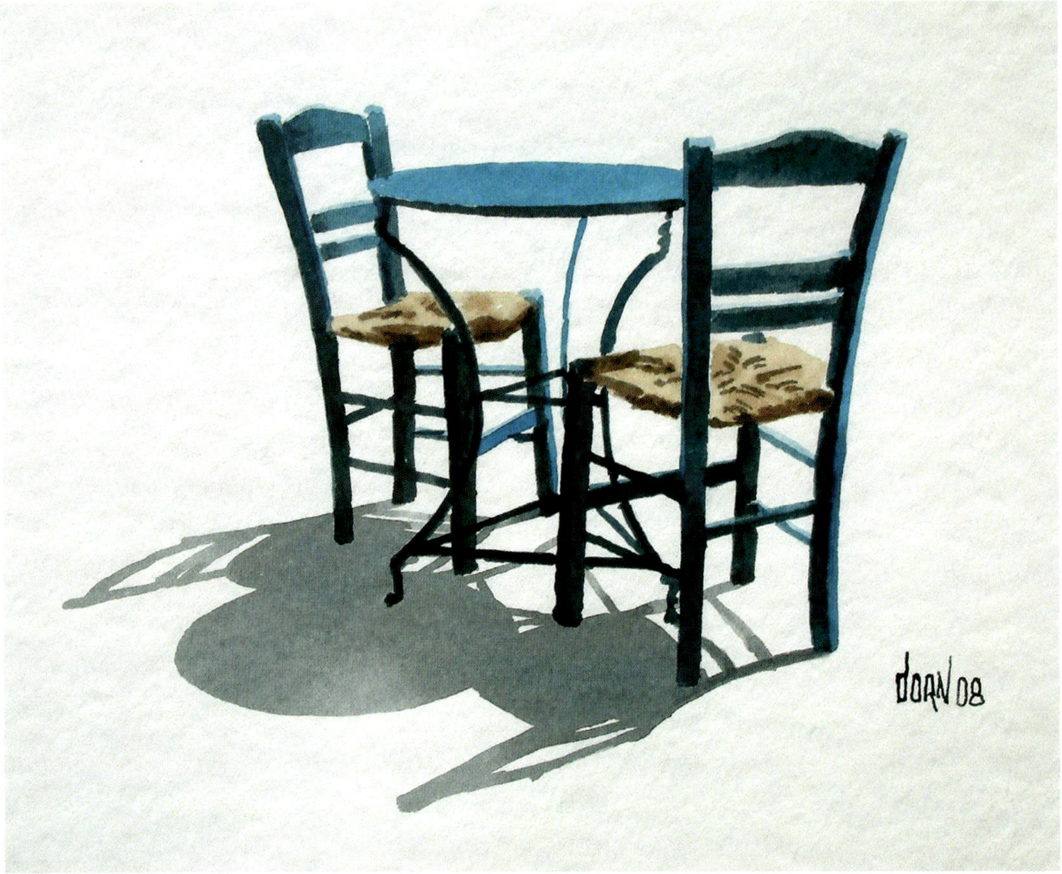

Einigkeit

Sie „sitzen“ einander am Tischchen nicht einfach gegenüber, ein paar Winkelgrade sind sie sich wieder näher gerückt, ihre Beine werden sich gleich berühren, einander vielleicht kreuzen, doch die Haltung ist aufrecht und gerade, die Köpfe sind frei …

Jeder ist er selbst, hat seine eigene Art und Absicht, hat sich aber mit dem anderen ausgetauscht. Sie verstehen sich, und vielleicht werden sie gleich auch die Köpfe zusammen stecken. In gegenseitiger Zustimmung und im Verständnis strahlen sie beide Zufriedenheit aus.

Misstrauen

Was ist geschehen? Plötzlich sind es drei Stühle, zu dem blauen Paar ist ein roter dazu gekommen – jedoch offenbar nicht als Gast in einer freundschaftlichen Runde. Die Szene wirkt vielmehr bedrohlich. Das runde Tischchen steht irritiert dazwischen. Der Eine der blauen Stühle hat sich seitlich an den roten Eindringling heran geschoben, doch bilden sie kein Gegenüber in unverdächtig harmlosem Gespräch, sondern ihre Stellung zu einander wirkt gleichzeitig verstohlen und vertraulich. Sie sind auf Berührungskontakt aus, gleich wird sich eine Hand auf ein Knie legen. Der andere blaue Stuhl, groß im Vordergrund, ist allein, ein Abstand hat sich aufgetan, und er/sie ist Zuschauer im Abseits. So wie er/sie sich leicht nach hinten lehnt, erscheint er/sie wie im Hinzukommen erstarrt, überrascht, erschreckt – und sieht „rot“!

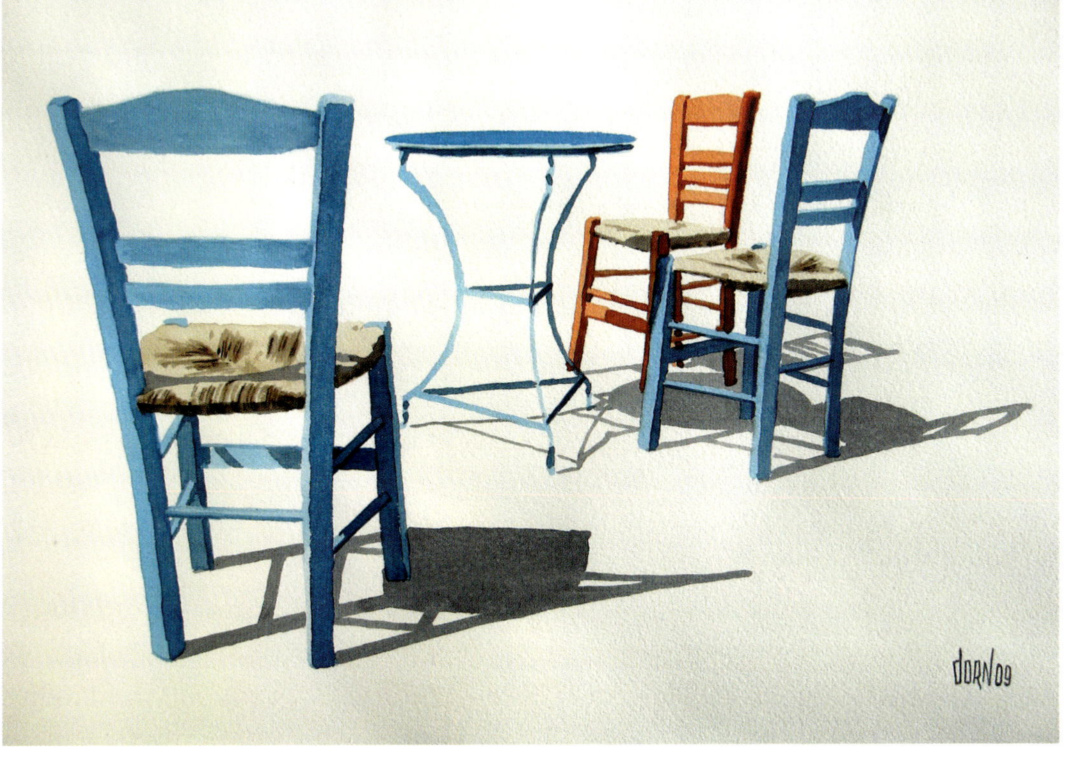

Ohnmacht

Sie versuchten sich auszusprechen. Das Ergebnis ist ein Desaster, das alles aus dem Gleichgewicht bringt. Einer der Partner hat sich ostentativ abgewendet, aber auch er/sie fühlt sich wie auf schwankendem Boden, der ihm/ihr noch zugewendete Partner ist fast am Zusammenbrechen, und auch der Vermittler, der die gemeinsame Lebenssphäre symbolisiert, das Tischchen, hat und gibt keinen Halt: ein Bild der Verzweiflung und Hilflosigkeit. Ihre Welt ist ins Kippen geraten und sie finden keinen Weg mehr, das aufzuhalten …

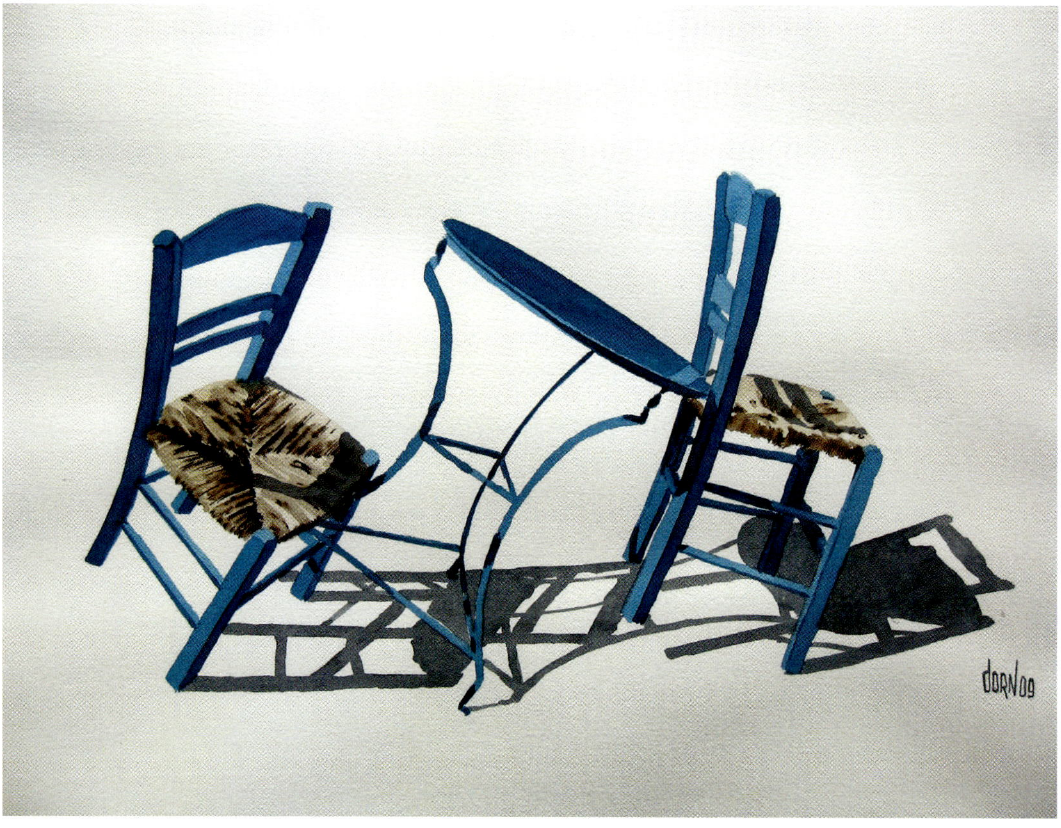

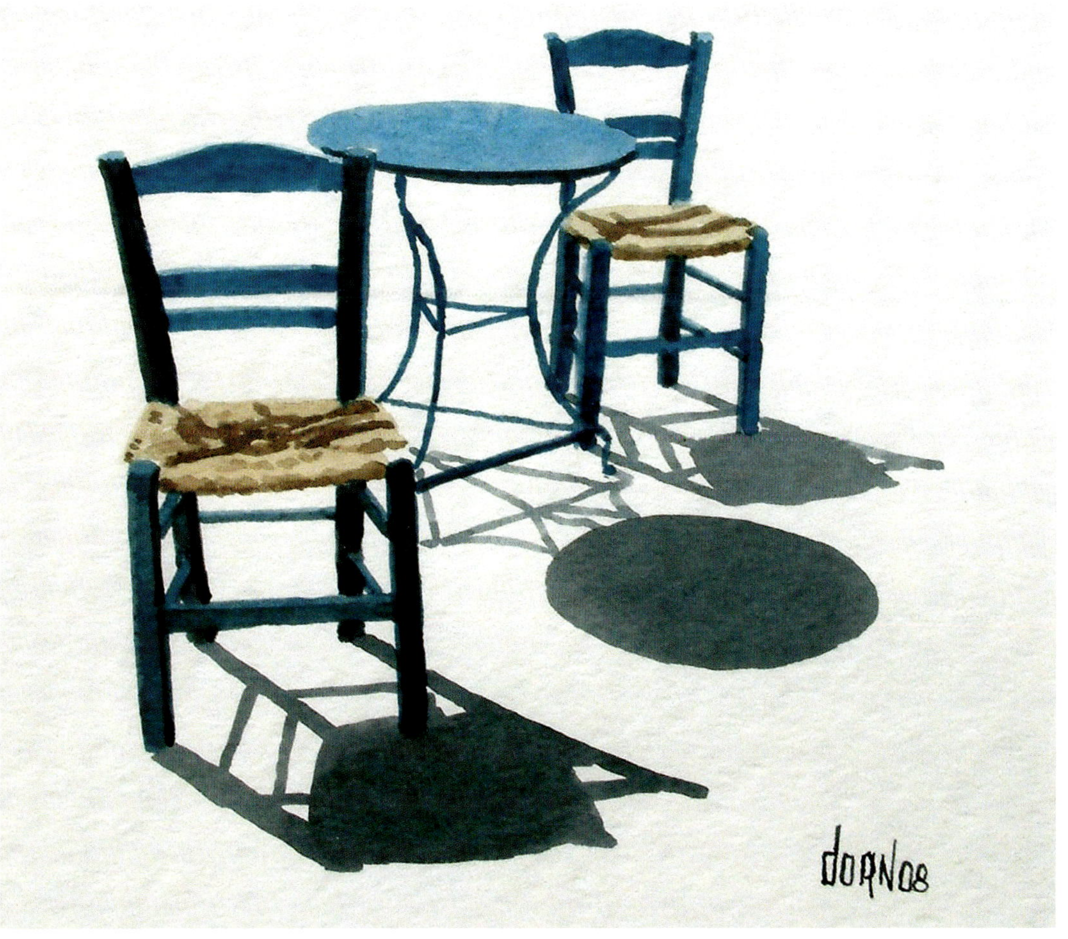

Abwehr

Merkwürdig: Sie stehen dicht bei einander: Stuhl-Tisch-Stuhl. Ja sie berühren sich sogar. Und doch strahlen sie gegenseitig eine spürbare Distanz aus. Der vordere Stuhl hat dem anderen den Rücken zugedreht, der Tisch als Puffer dazwischen, der andere hat sich abgewandt und ist in Deckung gegangen. Auch ihre Schatten verschmelzen nicht, sondern grenzen sich klar von einander ab. Die Berührung zwischen den dreien findet nur punktuell, mit Ecken und Kanten statt. Als befänden sie sich in der Situation eines öffentlich erzwungenen Zusammenseins. Und das Small Talk, das sie vielleicht tauschen, kann nur pro forma ihre Abneigung kaschieren. Man ist sich gar nicht eins. Und will das nicht ändern sowie auch nicht unbedingt zeigen.

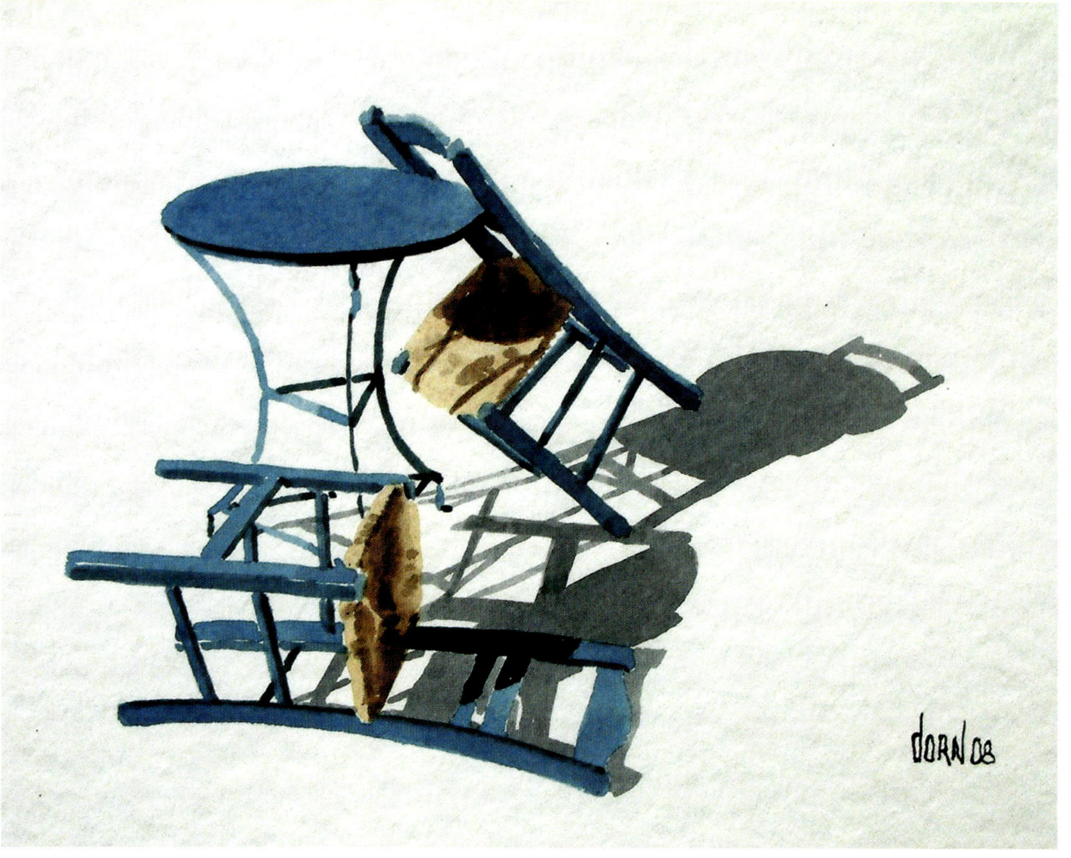

Resignation

Da ist nichts mehr zu machen. Die Zweisamkeit ist beendet. Sie haben aufgegeben. Aufgegeben, nebeneinander und einander gegenüber zu sitzen, einander zuzuhören, miteinander zu sprechen oder miteinander zu schweigen. Vielmehr schreien sie auf. Jeder auf seine Weise: der eine, schräg gestellt, in ständigem Wippen, der andere, auf den Rücken gestürzt, stuhlüber, mit den Beinen hilflos in der Luft …

Trennung

Nun ist es entschieden: Aus! Unversöhnlich haben sie sich von einander abgewendet – jeder orientiert sich in eine andere Richtung, sie werden auseinander gehen … Mit durchgedrückten Rücken stehen sie aufrecht gegen einander, beharrend auf der eigenen Position und unversöhnlich, der rechte der einstigen Partner, schroff und unerbittlich, scheint zu der traurigen Situation „zu stehen“, der linke ist schmerzlich allein und isoliert. Ihr gemeinsames Leben, symbolisiert durch das Tischchen, haben sie hingeworfen, es liegt wie „am Boden zerstört“.

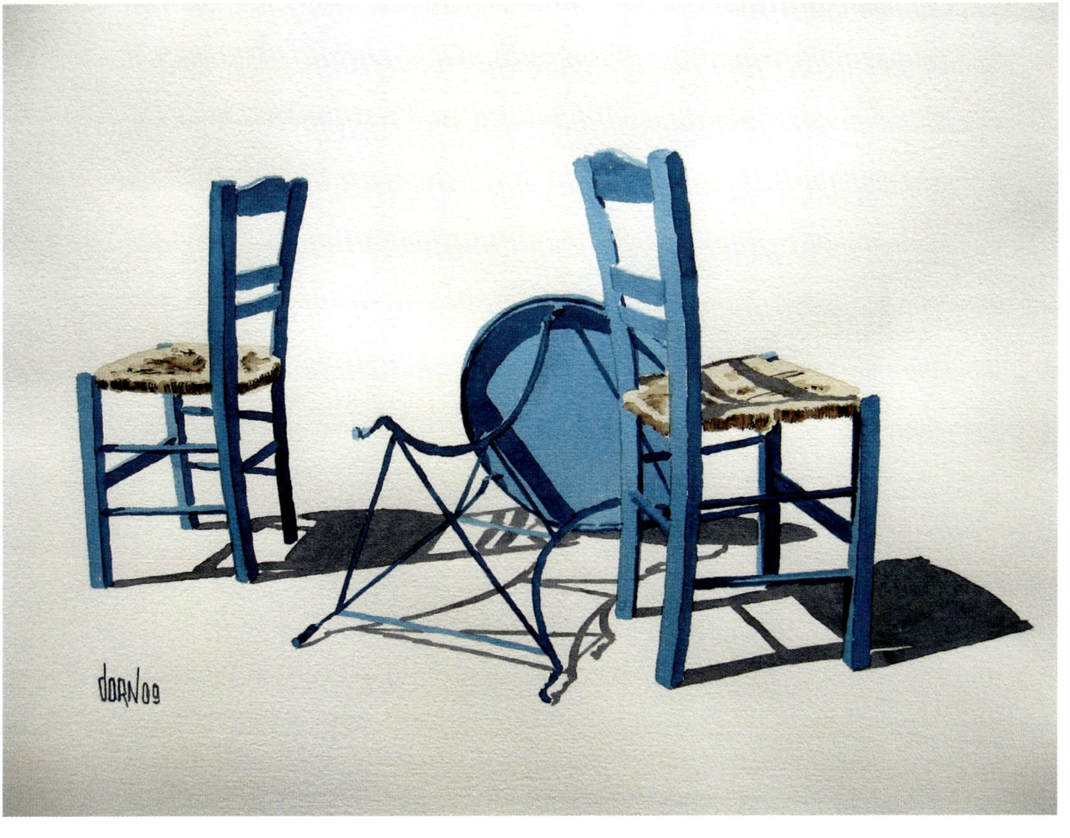

Suchend

Diese Darstellung kommt sehr nahe an die Bilder „Einsamkeit“ und „Erwartung“ heran: ein einzelner Stuhl am Tischchen. Doch wie verschieden ist jeweils die Aussage – Nuancen nur im Verhältnis der beiden Gegenstände zu einander bestimmen den Ausdruck. Der Stuhl steht dieses Mal auf der anderen Seite als beim Titel „Erwartung“, doch das spielt keine Rolle. Entscheidend ist der weite Abstand zum Tischchen bei frontaler, auf den Betrachter ausgerichteter, „aufmerksamer“ Position: Um sich hat er viel freien Raum. Er kann sich nach allen Richtungen ausrichten. Der Tisch wird erst viel später in die Szene integriert sein als bei „Erwartung“, wo das Zusammensein sicher und bald bevorsteht, und der Wartende bereits seinen Kaffee bestellen kann. Aber der Suchende? Er weiß noch nicht, ob er findet, und hält einfach nur sorgfältig Ausschau.

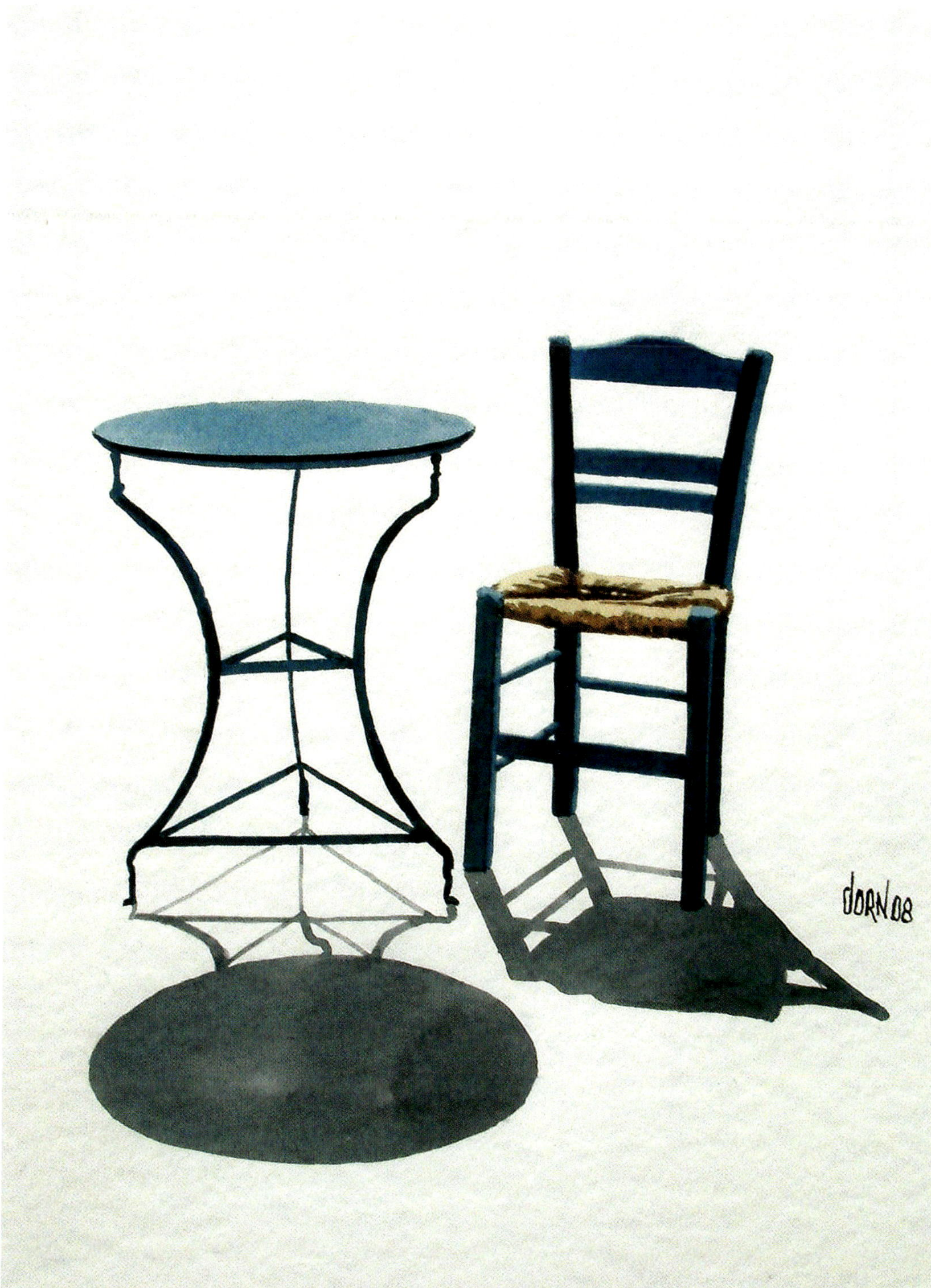
DORN 08

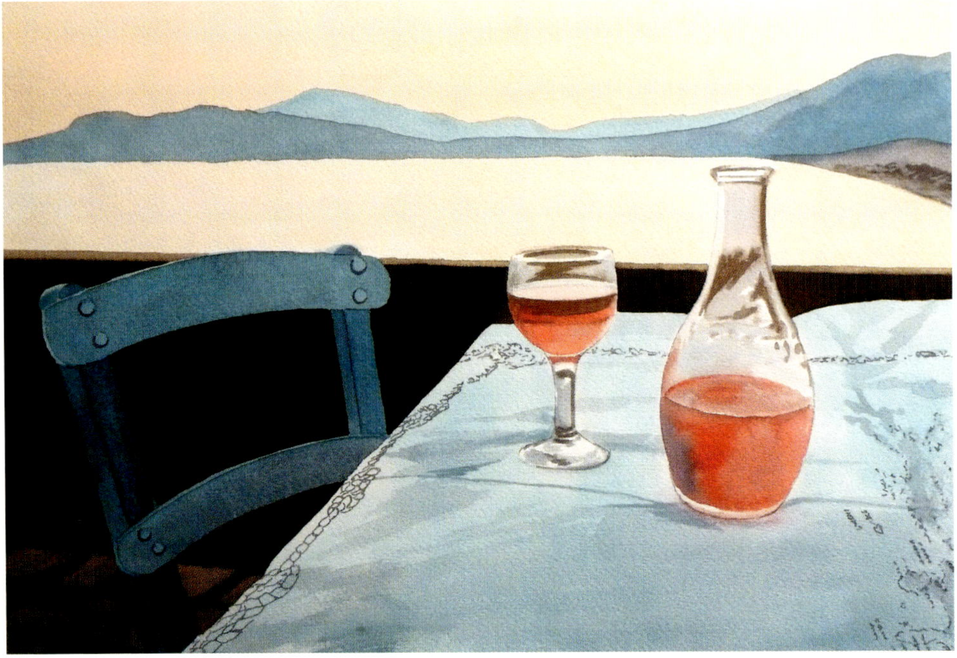

Abend-Melancholie

Nein, es ist nicht die rosenfingrige Eos, die Göttin der Morgenröte, die hier die Welt in Rosarot – rosig schattierte und pastellfarbene Blautöne verzaubert hat, sondern das Abendlicht. Die noch halb gefüllte Karaffe mit dem hellen roten Wein und das unberührte volle Glas beweisen, dass das harmonische Farbenspiel der gerade untergegangenen Sonne zu verdanken ist. „Iliovasílemma“ heißt der Sonnenuntergang auf Griechisch: „der Sonne Königsherrschaft“. Da dieses Zauberlicht schnell dahin schwindet und den Raum der Schwärze der Nacht überlässt, also unerbittlich das Ende des Tages einleitet, ist es eine Stunde, in der melancholische Gedanken, Endzeitstimmungen, Erinnerungen, Sehnsüchte aufsteigen, eine Stunde für Rückblicke auf den gerade vergangenen Tag, andere vergangene Tage, auf Geleistetes und Versäumtes, Gelebtes und Beglückendes und nicht zuletzt auf das Morgen, wo die Sonne jenseits von Meer und Bergen rosenfingrig wieder aufsteigen wird. Zeit für Bilanzen und Träume … Der Stuhl ist noch leer: Ist es der eigene, verbleibt der Abend in Einsamkeit? Das einzelne Glas scheint darauf hinzuweisen. Ein Getränk, das zu dieser besinnlichen Stimmung nicht nur farblich passt, ist ein Glas griechischer Roséwein, schwer und doch auch leicht, alte Lasten vergessen machend und neue Kraft gebend …

Der griechische Stuhl

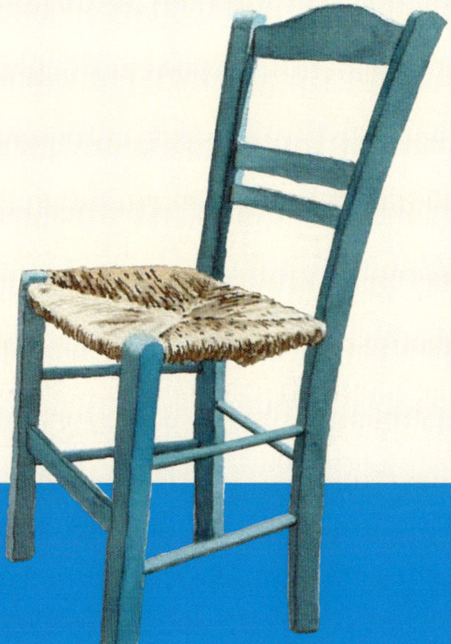

oder – altersbedingt ...

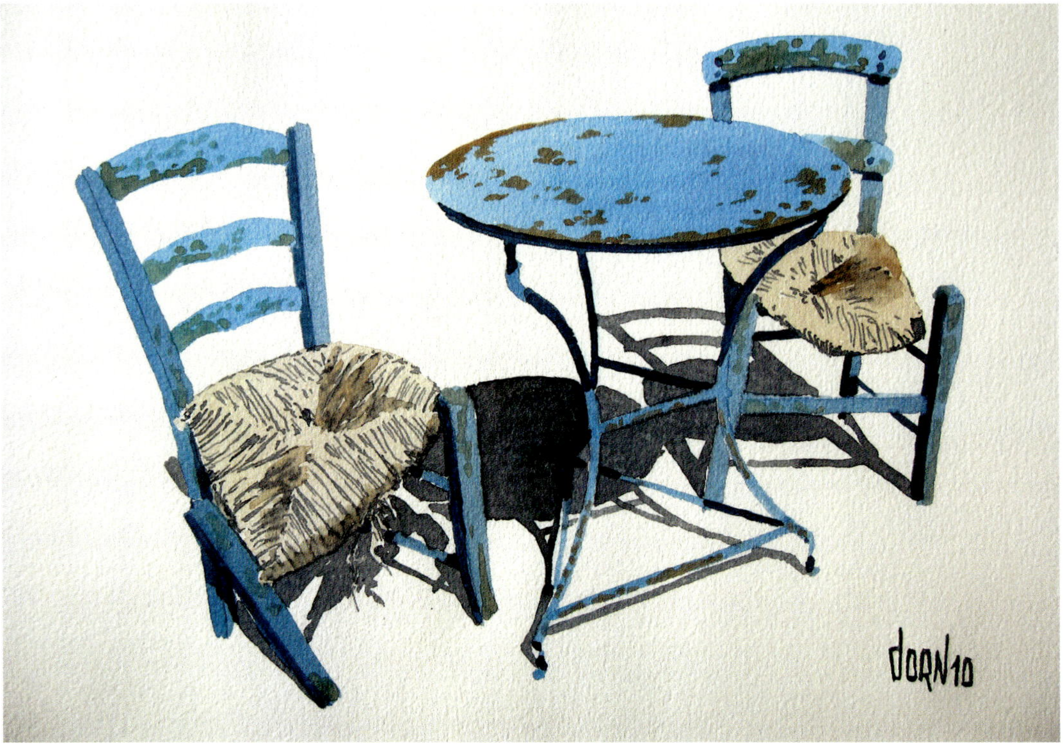

Krank und gebrechlich

Wir haben in diesem Buch schon mehrere invalide Stühle gesehen. Sie waren von einem Hauch von Humor begleitet oder wirkten gar romantisch, jedoch niemals hoffnungslos. Sie zeigten in Alter und Gebrechlichkeit, in Mühsal und Behinderung noch die Schönheit von einst oder eine immer noch vorhandene Lebenslust, Lebenskraft und vor allem Würde. Sie waren Symbole eines trotz schmerzhafter Einbußen erfüllten Alterns …

Hier ist es anders. Hier hat sich eine von tief innen an die Oberfläche steigende, Vernichtung androhende Fäulnis an die Oberfläche gefressen, die die Materialien, sei es das Blech des Tischchens, seien es Stroh oder Holz, aufzehren muss. Jede Behandlung dürfte – so ist zu befürchten – nur vorübergehend helfen. Der Anblick dieser regelrecht befallenen Gartenmöbel wirkt trostlos. Sie symbolisieren schwere, vielleicht unheilbare Krankheit, die jeden Lebensmut lähmen muss.

Trauer und Abschied

Drei Alte, Gebrechliche, Kranke, einer ist hingestürzt und wird nicht mehr aufstehen: Tod, Trauer und Hoffnungslosigkeit bilden die niederdrückende Ausstrahlung dieser Szene. Auch denen, die zurückbleiben und sich noch aufrecht halten, scheint das Ende nah. Man wünscht es ihnen anders, nicht in dieser Kälte und anonymen Umgebung, in der auch die Schatten kränkeln. Wie harmonisch noch wirkten die Gartenbilder mit kaputtem Stuhl oder der Stuhl auf dem ramponierten Dach, da war er wie in passender Gesellschaft und noch ganz gut „beisammen", durchaus wieder herstellbar. Hier aber scheint nur Warten auf Leere zu bleiben …

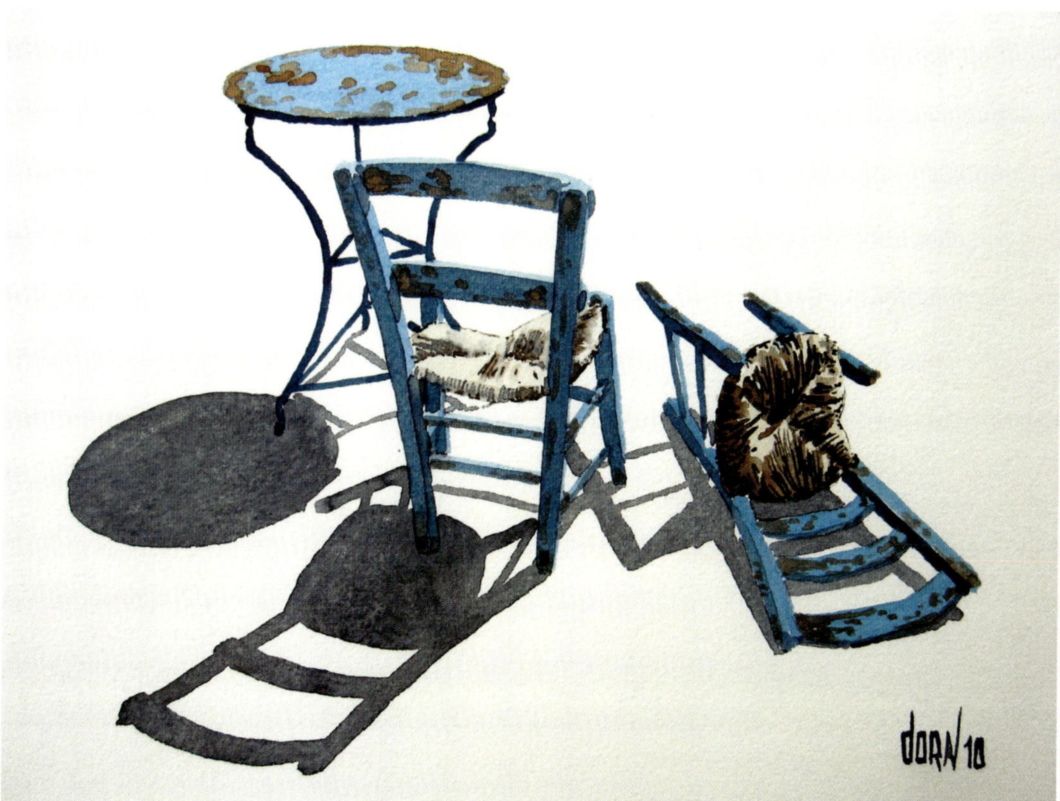

Erinnerungen

Ein blau angestrichener griechischer Stuhl, alt mit zerfranster graubrauner Sitzfläche, deren Strohsträhnen der Wind empor weht, steht einsam am Strand und „blickt“, die Rückenlehne dem Betrachter zugewendet, auf das in den gleichen Blautönen bewegte Meer hinaus. Es wirft sich in Küstennähe zur weißen Brandung auf und zerfließt in einem Saum aus weißem Schaum. Zwischen der ausschäumenden Meeresfülle und der flachen unbewegten Sandfläche des Strandes liegt noch einmal ein Streifen klaren stillen, durchsichtig schimmernden Wassers als stille Grenze dieses Landschaftsraums …

Am Horizont aber erhebt sich eine bucklige kleine Felseninsel mit scharfer kleiner Spitze – ein dezent angedeutetes Phallussymbol? Wir denken zurück an ein anderes Strandbild, in dem sich zwei Stühle in inniger Zweisamkeit einander zuneigten. Der zweite Stuhl und das Blechtischchen sind anscheinend Vergangenheit … „Erinnerungen“ ist dieses Bild vom Künstler überschrieben worden, und es hat seinen Platz am Ende der Serie von Partnerschaftsszenen. Alles scheint hier zum Symbol geworden: Der bejahrte Stuhl in seiner Einsamkeit, immer noch aufrecht, immer noch fest gefügt und stattlich – nur die Strohmähne ist gelichtet – verkörpert er seinen nun älteren Be-Sitzer, der auf das Meer seines nun langsam auslaufenden Lebens und Liebeslebens zurückblickt. Darin wird wie ein Fixpunkt und Halt für das Auge des Schauenden das ferne Felseneiland als ein Gegenüber empfunden, an dem sich die Erinnerung zuzuspitzen, festzuhaken scheint … Reich, voll und bewegt ist dieses Meer der Erinnerungen, mit Höhen und Tiefen, doch insgesamt sanft und von einer wundervollen Bläue, die den Himmel spiegelt. Von seiner Stimmung her wirkt dieses Bild also ebenso elegisch wie tröstlich, zumal für die in der unbegrenzten Weite so betonte Einsamkeit des Stuhls das sonnige Griechenland den durchlichteten Hintergrund bildet … Und der stille Wassersaum, der die Brandung am Ende ablöst, signalisiert ein Ruhig-Geworden-Sein – Gelassenheit.

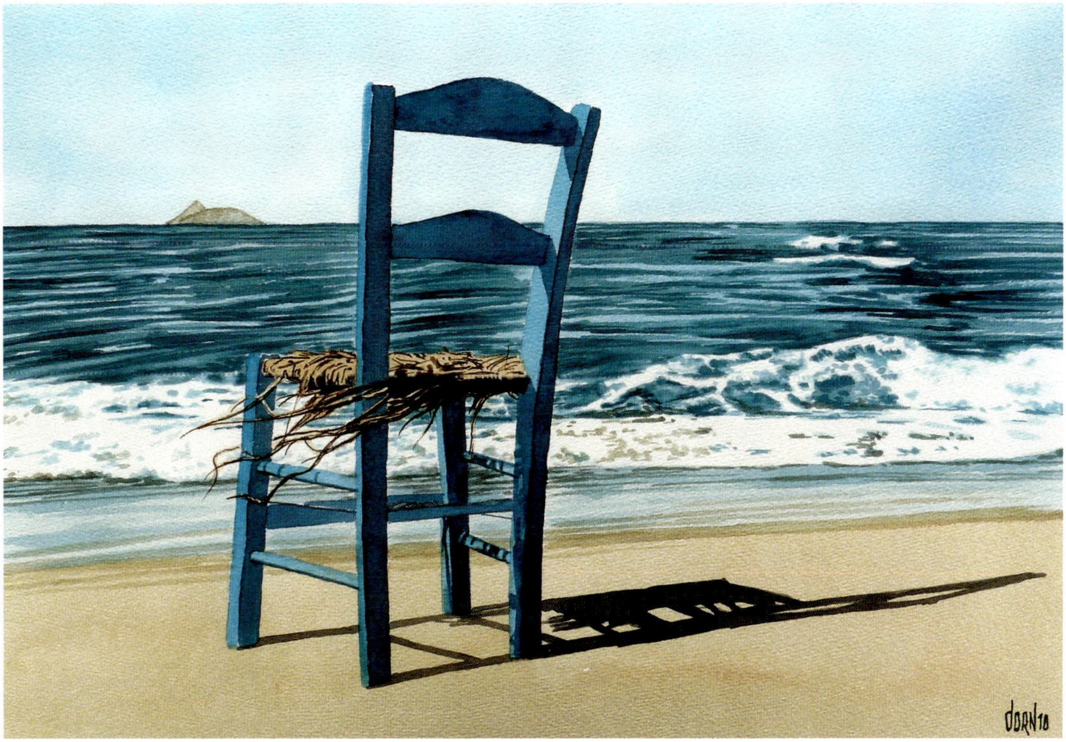
dorn10

Der griechische Stuhl

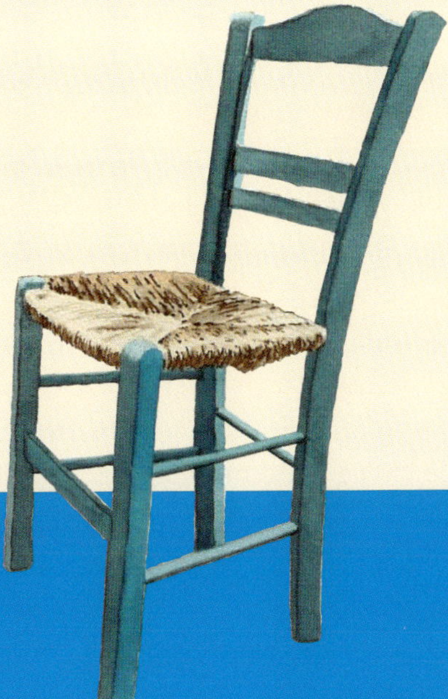

Nachwort

Nachwort

Schon seit vielen Jahren entstehen immer wieder einmal Bilder mit Stuhl-Motiven. Vor allem die griechischen Stühle haben es mir angetan. Sie sind in ihrer schlichten Form einfach zwingend malerisch. Auch habe ich mir einen Tick angeeignet: Ich sammle alte, meist kaputte griechische Stühle und stelle sie in meinem Garten zwischen alten Olivenbäumen auf. Sie dürfen in diesem Garten „in Würde" weiter altern und bieten mir in ihrem Zerfall uneingeschränkt weitere Mal-Vorlagen.

Die Idee für meine „Szenen einer Partnerschaft" bekam ich eines Morgens auf der Terrasse, als ich zur „Blauen Stunde" mit griechischem Kaffee das erste Sonnenlicht begrüßte. Zwei meiner vielen blauen Holz-Stühle hatte ich über Nacht an das ebenfalls blaue Bistro-Tischchen angelehnt, damit die Bast-Sitzflächen nicht von den Krallen umher streichender Fremd-Katzen malträtiert werden konnten. Als ich meinen Kaffee trank und die eben beschriebene Szene betrachtete, drängte sich mir der Vergleich zu einem Paar auf, das einander in Sympathie zugeneigt schien. Nun überlegte ich mir, ob und wie man andere Begriffe einer Paar-Beziehung mit diesen beiden Stühlen und dem Bistro-Tischchen darstellen könnte. Daraus ist eine umfangreiche Bilder-Serie entstanden, die noch lange nicht ihr Finale gefunden hat, weil eine gelebte Partnerschaft unendlich viele Facetten haben kann.

Und dann erinnerte ich mich daran, dass in meiner Material-Sammlung zum Thema „Stühle" auch ein Text „Der Stuhl" aus der ATHENER ZEITUNG abgeheftet war, unterschrieben mit dem Kürzel (spi). Diese Zeitung heißt inzwischen GRIECHENLAND ZEITUNG (GZ), und ich fand unter dem Kürzel GZspi weitere kleine Texte über den griechischen Stuhl. Der Kontakt zur Autorin Ursula Spindler-Niros war über die GZ schnell hergestellt. Sie zeigte sich sehr angetan von der Idee, kurze Texte zu meinen Stühle-Bildern zu machen und dies war der Beginn einer wunderbaren, sehr kreativen Zusammenarbeit. Ich habe noch nie zuvor einen Menschen getroffen, der meine teils unterschwelligen Bild-Aussagen so punktgenau beschreiben konnte wie Ursula! Ihr möchte ich an dieser Stelle meinen allerherzlichsten Dank sagen. Ohne sie wären meine Stühle-Bilder niemals so lebendig geworden.

Die kleine Serie mit abgebildeten Menschen habe ich ganz bewusst in Sepiatusche laviert, um den Eindruck von verblassenden Erinnerungen hervorzurufen. Als Vorlagen habe ich (außer für das Bild „Stuhlgang" uralte Postkarten verwendet, die ich in meiner umfangreichen Sammlung gefunden habe. Meine Sepiatusche-Bilder haben kaum noch etwas mit den verwendeten Vorlagen zu tun. Auch zu dieser Serie liegen noch viele Ideen bereit und warten auf ihre Umsetzung.

Bei den Stuhl-Wortspielen hatten und haben wir beide, der Maler und die Texterin, öfter mal unsere Bedenken. Nicht jedes Stuhl-Wort lässt sich ohne Weiteres in der vorliegenden Weise illustrieren und beschreiben. Ein Wort wie „Elektrischer Stuhl" darf einfach nicht verharmlost werden. Aber einmal davon abgesehen gibt es noch einige schöne Stuhl-Wörter, die mich künstlerisch reizen und auf deren entsprechende Illustrierung ich mich schon heute sehr freue.

Für das Bild „Tavernen-Stuhl" durfte ich ein Foto von Chris Hoffmann verwenden. Auch von ihr gibt es noch ein paar Fotos mehr, die ich gerne noch malerisch umsetzen möchte. Für die mir erteilte Erlaubnis schon mal an dieser Stelle meinen herzlichsten Dank!

Wassilis Dornakis

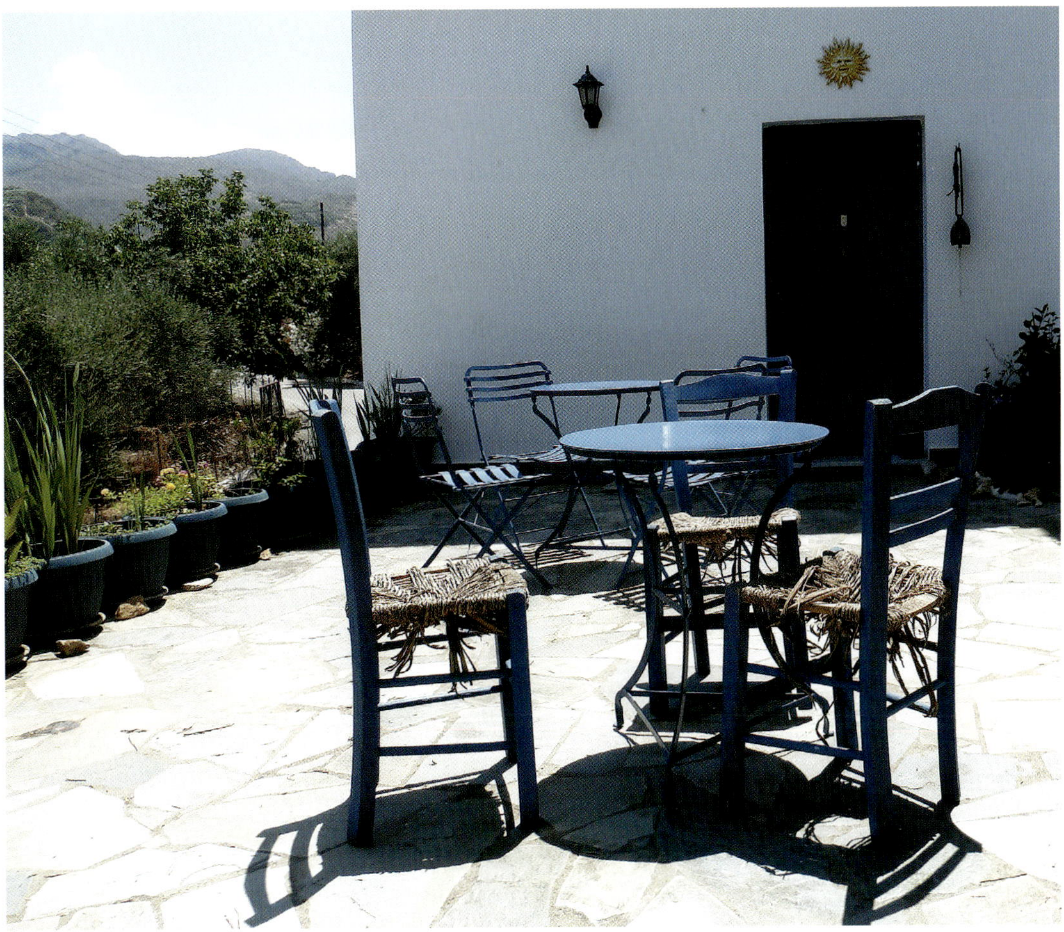

Diese alten Terrassen-Stühle sind die Hauptakteure in meinen Bildern

Der griechische Stuhl

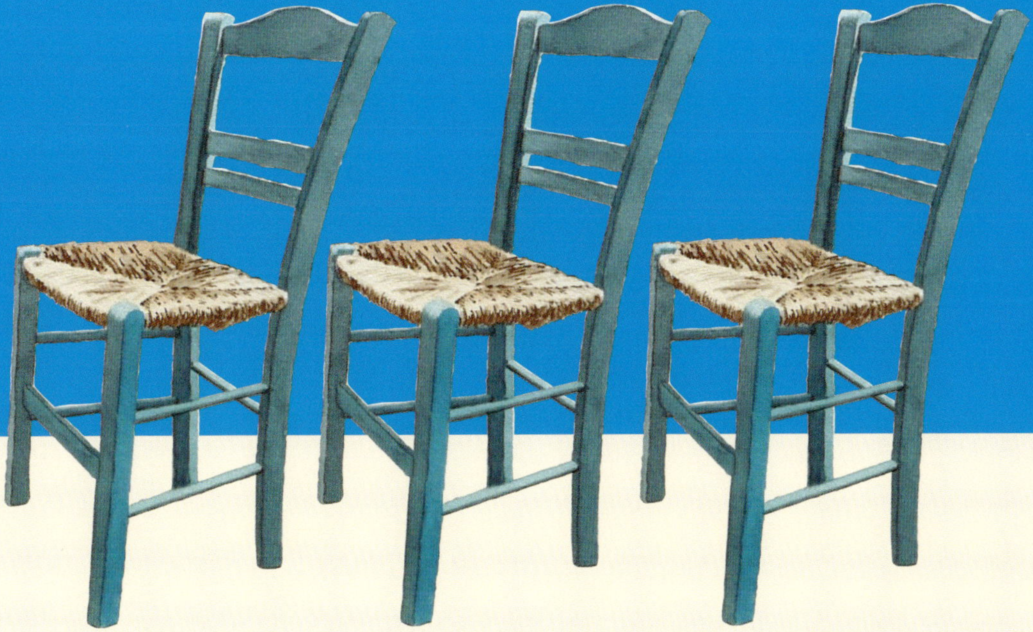

Inhaltsverzeichnis

Inhalt

Erster Teil: Kleine Kulturgeschichte des Sitzens ..... **Seite 7**
„Kleine Kulturgeschichte des Sitzens" – eine Einleitung 8
Der griechische Stuhl und sein soziologischer Aspekt 11
Aussichten 12
Einsichten 13
Geschäftsreise 14
On Tour 15
Old Couple 17
Sinnieren 19
Gartenstuhl 20
In die Jahre gekommen 22
Kaffee in Delianá 25
Sitz der Götter 26
Katzenstuhl 28
Stuhlkatze „Artemis" 30
Stuhlkatze „Hera" 31
Schattenspiele 32
Kleiner Mittagsschlaf 35
Stuhlgang 36
Tavli-Spieler 37
Leer-Stuhl und Lehrstuhl 39
Lehnstuhl 43
Liegestuhl 44
Web-Stühle 45
Der Heilige Stuhl 47
Beicht-Stuhl 48
Alter Dachstuhl: Leben und Vergehen 51
Tavernen-Stuhl 52

Zweiter Teil: Szenen einer Partnerschaft ..... **Seite 55**
Beziehungs-Stuhlbilder – eine Einleitung 56
Single 59
Ungebunden 60
Einsamkeit 62
Einladung 63
Erwartung 65
Annäherung 67
Sympathie 68
Zuneigung 69

Bewunderung 70
Erregung 71
Leidenschaft 72
Lust 73
Verschmelzung 75
Ekstase 77
Alltag 77
Strand-Harmonie 78
Sie und Er 79
Sie 80
Er 81
Gemeinsames Kopfstehen 82
Innigkeit 84
Harmonie 85
Sprachlosigkeit 86
Uneinigkeit 87
Verweigerung 88
Aggression 89
Stress 90
Überforderung 91
Überlegenheit 92
Chaos 94
Erschöpfung 95
Versöhnung 96
Sinnlichkeit 97
Einigkeit 98
Misstrauen 99
Ohnmacht 100
Abwehr 101
Resignation 102
Trennung 103
Suchend 104
Abend-Melancholie 106

oder – altersbedingt .... Seite 107
Krank und gebrechlich 108
Trauer und Abschied 109
Erinnerungen 110

Nachwort .... Seite 113

Inhaltsverzeichnis .... Seite 118

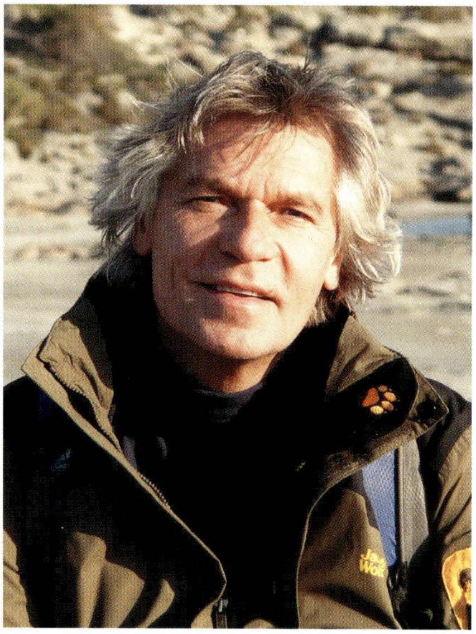

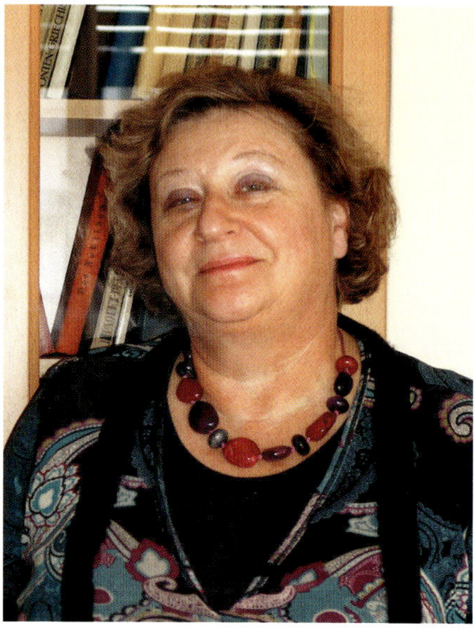

Wassilis Dornakis

1954 in Berlin geboren und aufgewachsen in Süd-Deutschland. Der Maler und Grafiker lebt seit vielen Jahren im „Wilden Westen“ der Insel Kreta und ist dort als Wanderführer, Leiter für Mal- und Zeichenkurse sowie Olivenöl-Seminare aktiv. Daneben entstehen immer wieder Aquarell-Serien zu den Naturlandschaften seiner kretischen Wahlheimat. In seinem neuen Bilder-Zyklus widmet sich der Künstler sehr ausführlich dem griechischen Stuhl. Neben seinen illustrierten Wortspielen setzt er sich ironisch und auch hintergründig mit den „Szenen einer Partnerschaft“ auseinander: Reduziert auf zwei typisch griechisch blaue Stühle mit Bistro-Tisch stellt er all die vielseitigen und vielschichtigen Situationen einer lebendigen und gelebten Partnerschaft dar.

Ursula Spindler-Niros

1948 geboren und aufgewachsen in Saarbrücken. Altsprachliches Gymnasium mit sechs Jahren Altgriechisch. 1966-76 Studium der Kunstgeschichte, Germanistik und klassischen Archäologie mit Promotion. Volontariat bei der „Saarbrücker Zeitung“ und Ausbildung zur Redakteurin in fast allen Ressorts. Schwerpunkt Kultur- und Kunstbesprechungen, danach freiberuflich tätig als Journalistin. 1979 Umzug nach Athen und als Betätigungsfeld hauptsächlich Familie. Mehrere Kurzreiseführer über Athen.
Seit 1992 freie Mitarbeiterin der deutschsprachigen „Athener Zeitung“ und ihrer Nachfolgerin, der „Griechenland Zeitung“. Themen: Kunstbesprechungen, Archäologie, Tourismus und Feuilletons.
Ihre Texte zu den Bildern sind punktgenaue Beschreibungen der jeweiligen Darstellungen.